*Посвящается Марку Деверу
и памяти Джексона Бойетта.
Это два человека, которые оказали
наиболее глубокое влияние на мое
понимание пасторского служения.
Я в большом долгу перед вами обоими.*

      Джон Ньютон, известный как автор гимна «О благодать, спасен тобой», однажды заметил, что «служителя Божьего сформировать не может никто, кроме Того, Кто сформировал весь мир». И действительно, верное пасторское служение является одной из самых насущных потребностей церкви. Брайан Крофт дает нам замечательный путеводитель по верному библейскому служению. Автор — вдумчивый практик, в служении которого богословие становится живым. Его труды — источник здравой мудрости в служении.

      Доктор Альберт Молер, *президент Южной баптистской богословской семинарии*

      Брайан Крофт дает библейские советы по пасторскому служению. В них видна мудрость благочестивых пасторов прошлого, и в то же время они весьма практичны. В этом труде есть и памятка для молитвы за каждого члена церкви, и советы о том, как утешать вдов, и призыв твердо отстаивать доктрины Священного Писания, и многое другое — все это в одной книге! Я очень рекомендую ее как студентам семинарии, так и опытным пасторам.

      Доктор Джоэл Р. Бики, *президент Пуританской реформатской богословской семинарии, Гранд-Рапидс, штат Мичиган*

      Ключ к успешному пасторскому служению не в одаренности служителя, а в том, как он определяет свои приоритеты и следует им, несмотря на окружающее давление. А лучшие приоритеты — это не то, что обусловлено прагматичны-

ми расчетами, а то, что основано на Библии. Брайан Крофт обращается к Писанию, чтобы определить данные Богом приоритеты, способные дать любому пастору устойчивый фундамент, на который он может опираться на протяжении всего долгого и узкого пути в течение многих лет.

Конрад Мбеве, *пастор Баптистской церкви Кабваты в Лусаке, Замбия*

Какая замечательная и полезная книга! В ней четко указаны десять приоритетов пасторского служения, и каждый имеет библейское обоснование и практическое объяснение. Эта книга будет огромным благословением для многих пастырей и для еще большего количества овец. Жаль, что ее не было, когда я начинал служение двадцать лет назад.

Дэвид Мюррей, *профессор практического богословия в Пуританской реформатской богословской семинарии и автор книги «Как действуют проповеди»*

Я очень рекомендую книгу «Служение пастора», в которой рассказывается о том, как надлежит проходить пасторское поприще. Бог указал нам, как правильно жить и пасти Божье стадо, и нам всем полезно прислушаться к мудрости Брайана Крофта в применении этих истин. Я молюсь, чтобы Бог использовал эту книгу для ободрения и взращивания нового поколения благочестивых пастырей.

Дэниел Монтгомери, *главный пастор и основатель церкви Sojourn Community Church, Луисвилл, штат Кентукки; автор книг «Карта веры» и «Доказательство»*

" У Брайана Крофта сердце пастора. Он лаконично излагает, в чем заключается пасторский труд, и предлагает мудрые советы как для начинающих, так и для более опытных пасторов. Немногие авторы дают такие четкие, практические советы для повседневного пасторского служения. Сам будучи пастором, Брайан понимает механику служения и предлагает полезные советы о том, как поддерживать здравое служение. Один лишь совет Брайана о планировании молитвы сам по себе стоит целой книги.

Доктор Грег Кокран, доцент и директор факультета прикладного богословия при Калифорнийском баптистском университете

" В этой книге мой друг Брайан Крофт предлагает как раз те самые принципы и практические рекомендации для пасторского служения, которыми многие сегодня пренебрегают и о которых быстро забывают. Если вам нужно наставление или исправление, обучение или напоминание, примите эту книгу. У Брайана настоящий дар: просто и ясно доносить сложные реалии пасторского служения. Пусть этот труд прояснит ваш разум, согреет ваше сердце и укрепит руки.

Джереми Уокер, сопастор Баптистской церкви Мейденбауэра, Кроули, Англия; автор книги «Портрет Павла»

" Брайан Крофт — мудрый пастор, чьи труды в значительной степени сформировали мое собственное понимание пасторского служения. Прочитав «Служение пастора», я получил и ободрение, и обличение. Эта книга одновременно бросила мне вызов и дала новый стимул. Сам будучи пресвитером, я от всего сердца рекомендую эту книгу своим коллегам-пасторам, независимо от того, на каком этапе пасторского поприща вы находитесь: в самом начале служения Евангелия или уже давно являетесь пастырем Божьего стада. Будучи профессором семинарии, я рекомендую эту книгу каждому студенту, который «епископства желает» (1 Тим. 3:1).

Доктор Натан А. Финн, пресвитер Первой баптистской церкви Дарема, штат Северная Каролина; доцент исторического богословия и баптистских исследований Юго-Восточной баптистской богословской семинарии

Всякий раз, когда ко мне обращаются пасторы с вопросами о пасторском служении, я отсылаю их к материалам Брайана Крофта. Можно, конечно, просмотреть обилие материалов на его сайте, но можно и получить замечательный ресурс «шаговой доступности» — книгу «Служение пастора». Крофт предлагает глубоко библейские, евангельские практические советы по пастырству для служителей общин любого масштаба. Такую книгу вы не положите на полку, к ней вы будете обращаться на протяжении всего своего служения.

Доктор Робби Галлати III, старший пастор Баптистской церкви Брейнерда в Чаттануге, штат Теннесси; автор книги «Взросление»

Брайан Крофт

СЛУЖЕНИЕ ПАСТОРА

Библейские приоритеты
для верных пастырей
Божьего стада

Перевод с английского

Благая весть
Самара, 2024

УДК 286.15
ББК 86.37
К83

Brian Croft

The Pastor's Ministry

Zondervan

Переводчик и редактор: В. Савянкова

Редактор: А. Никитина

Научный редактор: А. Аубакиров

Верстка и дизайн обложки: М. Литвинова

Крофт Б.

К83   Служение пастора. Библейские приоритеты для верных пастырей Божьего стада: пер. с англ. / Брайан Крофт; Самара : Благая Весть, 2023. — 256 с.

The Master's Academy International   УДК 286.15

TMAI Edition ISBN: 978-1-967358-28-1   ББК 86.37

Цитаты из Библии, если не указано иное, даны по Синодальному переводу. Цитаты по изданию «Новый Завет Господа нашего Иисуса Христа» (пер. с греч. под ред. епископа Кассиана. М.: Рос. библ. о-во, 2001) помечены «Кассиан». Цитаты по изданию «Библия: Новый перевод на русский язык» (4-е изд. Б. м.: Международ. библ. о-во, 2014) помечены «НРП». Цитаты по английскому изданию «The Holy Bible, English Standard Version» (Wheaton, IL: Crossway, 2001) помечены «ESV».

СОДЕРЖАНИЕ

ПРЕДИСЛОВИЕ

Вы когда-нибудь слышали старую историю о нерешительном солдате во время Гражданской войны в США? Он никак не мог решить, к какой армии примкнуть. Поэтому пошел в бой в темно-синих брюках армии Севера и сером плаще конфедератов Юга. Конечно, оказавшись на поле боя, растерянный молодой человек попал под огонь с обеих сторон.

К сожалению, с такой реальностью сталкиваются многие пасторы христианских церквей. Сегодня многие из нас переживают кризис идентичности. Да, мы называем себя пасторами, но что это значит на самом деле? Несомненно, Слово Божье дает четкое объяснение призвания и работы пастора. На протяжении всей истории церкви ясно понимались и библейская роль пасторского служения, и обязанности самого пастора. Мы призваны пасти Божье стадо, вести Божьих овец ко Христу и питать их, чтобы они достигли духовной зрелости и приносили плод во Христе. Христианские служители должны вести свои церкви так, чтобы в общине наблюдалась верность в учении, святость в образе жизни, единство в общении. Наша цель — христоцентричные, основанные на Писании, движимые Евангелием общины, которые являют окружающему миру Божью славу.

В то же время многие современные пасторы утратили это видение. Они забыли, к чему Бог призвал нас и что повелел делать. Мы оказались солдатами, не знающими, за какую сторону воевать.

Многие пасторы основывают свое служение на бизнес-моделях. В результате в таких церквах вся деятельность сосредоточена на том, чтобы угодить существующим клиентам и постараться привлечь как можно больше новых. Цель таких пасторов — «рост церкви». Самое печальное, что для многих пасторов термин «*рост церкви*» ассоциируется с количеством прихожан, статистикой и ресурсами, а не с духовным развитием тех святых, которых Господь поручил нашей духовной опеке.

В результате многие пасторы проводят сегодня свое время в служении, пытаясь удовлетворить потребности своих прихожан. Некоторые из них идут на компромисс, меняя стандартные библейские атрибуты истинного христианского пасторского служения на мишуру и блестки, привлекательные для большего количества людей. Как следствие, многие неизбежно разочаровываются, ведь потребности людей постоянно меняются вместе с человеческими прихотями, мнениями, интересами и переживаниями.

Это поистине порочный круг, ведь чем больше мы сосредоточены на нуждах прихожан, тем больше они будут ожидать, что их самопровозглашенные болезни будут лечить тем же методом. Соответственно, чем больше мы сосредоточимся на том, чтобы сделать из церкви привлекательное шоу для этого мира, тем больше людей будут ожидать, что свет на шоу будет более ярким, сцена — более широкой, а постановка — более захватывающей. Пастор, который постоянно пытается угнаться за спросом, вскоре может духовно выгореть. Тот же, кому удается удовлетворить спрос, оказывается в еще большей духовной опасности.

Но есть и «путь превосходнейший». Это Божий путь — пасторское служение, соответствующее новозаветному учению. Это служение, в котором главное остается главным. Это призвание быть пастухом, а не мясником, блюстителем, а не менеджером, пастором, а не звездой сцены. Этот путь означает посвящение себя молитве и служению Слова. Это верность и посвящение в проповеди Слова, в руководстве поклонением, в посещении больных, в душепопечении и заботе о слабых, в утешении скорбящих. Это пример для подражания. В общем... это и есть жизнь и служение пастора.

В книге «Служение пастора» Брайан Крофт призывает пасторов вернуться к основам. Брайан болеет душой за Евангелие, церковь и славу Божью. И он любит пасторов. Я сам с удовольствием пользовался материалами, размещенными в его блоге «Практическое пастырство» *(Practical Shepherding)*, которые оказались для меня весьма полезными, а также получил большое назидание из книг, написанных им. От всего сердца рекомендую это ясное, библейское и практическое объяснение работы пастора каждому человеку Божьему, который хотел бы, чтобы его Господин сказал в конце: «Хорошо, добрый и верный раб».

Х.Б. Чарльз-младший,
пастор баптистской церкви Shiloh Metropolitan,
Джексонвилл, штат Флорида, октябрь 2014 г.

ПРЕДИСЛОВИЕ
к изданию на русском языке

Пасторское служение — это больше, чем статус или положение в церкви. Требуется и Божие призвание. И сердечное поклонение Христу. И искренняя любовь к Божьему народу. И глубокое сострадание к неверующим. И, конечно же, фундаментальные библейские знания. Но, помимо всех этих важных элементов, требуется немало практической мудрости. Или, другими словами, как применять библейскую истину в контексте своего служения. Ведь можно иметь и посвящение, и знания, и даже личное благочестие, но не понимать, как это воплощать в своем пастырстве. Порой братья пребывают в неведении или совершают досадные ошибки, которые серьезно препятствуют духовному плодоношению и успеху их служения.

Именно в этой сфере — практического пасторства — Бог наделил особыми способностями и дарованиями нашего брата Брайана Крофта. Будучи пастором не один десяток лет, он начал помогать служителям по всему миру, делясь с ними практической пастырской мудростью. Читая его книги, вы удивитесь, настолько одинаковы задачи и вызовы пастырства по всему миру, и насколько универсальны, просты и доступны его советы.

Пусть эти книги помогут вам вырасти в своем призвании, и подготовят вас помогать следующему поколению служителей!

От лица служения Экклезия,
Бахмутский Евгений Юрьевич
Пастор-учитель РБЦ

ВВЕДЕНИЕ

*Пасите Божие стадо, какое у вас,
надзирая за ним не принужденно, но
охотно и богоугодно, не для гнусной корысти, но из усердия... И когда явится
Пастыреначальник, вы получите неувядающий венец славы (1 Петра 5:2, 4).*

Все мы очень заняты. Такова реальность нашей современной культуры. Нужно закончить работу, позаботиться
о семье, сохранить порядок в доме и обслужить машину.
Нужно развивать отношения с друзьями, нужно посещать
врачей. Нужно планировать разные детские мероприятия
и принимать в доме гостей. Кроме того, если вы считаете
себя христианином, к списку обязательных дел можно до-
бавить еженедельное посещение церкви и, возможно, до-
бровольное участие в одном из служений своей церкви или
другой христианской организации. Наша жизнь в XXI веке
похожа на жизнь белки в колесе. И замедляем мы эти бес-
конечные бега только тогда, когда кризис или болезнь заставляют нас сделать перерыв.

Пастыри Божьего народа испытывают те же тяготы, давле-
ние, требования и должны исполнять те же обязанности, что
и другие христиане. И поскольку пастор призван участвовать

в жизни людей церковной общины, он должен научиться подстраивать свой собственный график под суматошный график членов своей церкви. Подобный ритм жизни создает в служении дополнительное напряжение, что в итоге приводит многих пасторов к неизбежному провалу. И действительно, многих пасторов постигает неудача, причем еще до того, как они приступят к служению.

Многие пасторы сразу же попадают в две ловушки. С одной стороны, начинающий служитель быстро понимает, что не сможет обеспечить адекватную заботу о своей общине, поэтому даже и не пытается это делать. Даже если община небольшая, просто невозможно навестить *всех* больных, провести все возможные похороны, присутствовать на всех церковных встречах, принять все приглашения на ужин, быть на каждом субботнике и ответить на все вопросы или дать консультацию каждому обратившемуся за помощью. Отчаявшись, некоторые просто прекращают любые попытки. Тогда пастор может выбрать некую более широкую сферу деятельности, например, проводить лишь самые крупные мероприятия, руководить лишь самыми насыщенными служениями в церкви и контролировать общее функционирование поместной церкви. Труд же служения в таком случае он предпочитает оставить другим или вовсе начинает им пренебрегать.

С другой стороны, некоторые более решительные пасторы признают, что нельзя объять необъятное, но изо всех сил пытаются сделать хоть что-нибудь. Они «берутся за гуж» и надеются, что, приложив достаточно усилий, смогут угодить хотя бы *некоторым*. Однако у такого подхода есть свои опасности. Пастор оказывается в плену у требований и нужд своей церкви. Именно прихожане, прямо или косвенно, в значительной мере определяют то, как пастор будет проводить свое время. Верность и плодотворность его служения будут зависеть от того, насколько в собрании будут довольны его усилиями, и, при несомненном довольстве одних, всегда найдутся те, кому угодить просто невозможно. Тогда угождение людям станет для пастора критерием верности. При этом сам он будет чувствовать себя измученным и опустошенным.

Библейское призвание пастора

Пастор призван не к тому, чтобы проводить массовые мероприятия или делать все на свете и пытаться угодить всем подряд. На пасторское служение призывает Сам Бог, а отличительные особенности этого призвания четко изложены в Божьем Слове. У пастора есть лишь один способ избежать этих ловушек и оставаться непоколебимым на протяжении всей своей жизни и служения — знать, *к чему* действительно призвал его Бог, и действовать в соответствии с этим призванием! Апостол Петр увещевает пресвитеров/пасторов быть пастырями[1], то есть заботиться о Божьем народе:

> *Пасите Божие стадо, какое у вас, надзирая за ним не принужденно, но охотно и богоугодно, не для гнусной корысти, но из усердия, и не господствуя над наследием Божиим, но подавая пример стаду. И когда явится Пастыреначальник, вы получите неувядающий венец славы (1 Петра 5:2–4).*

---

[1] Новозаветные термины «пастырь», «старейшина» («пресвитер»), «епископ» и «блюститель» в Библии вполне взаимозаменяемы и употребляются для обозначения одной пасторской/пастырской должности.

Увещание Петра для пасторов можно свести к одному предложению: «Пасите Божье стадо, пока не явится Пастыреначальник». Не нужно быть семи пядей во лбу, чтобы понять, какие четыре категории включает в себя пасторское призвание в соответствии с Библией: что делать? в отношении кого? как? когда?

- **Что делать:** «Пасите Божье стадо».
- **Кого:** «Стадо, которое у вас, надзирая за ним».
- **Как:** «Не принужденно, но охотно и богоугодно, не для гнусной корысти, но из усердия, и не господствуя над наследием Божиим, но подавая пример стаду».
- **Когда:** пока не «явится Пастыреначальник» [Иисус Христос] за Своим стадом, за которым сегодня надзираете вы.

Истинное призвание пастора заключается в том, чтобы в смирении, добровольно и ревностно пасти души Божьего народа и делать все это от имени Пастыреначальника Иисуса Христа. С тех пор, как Петр написал эти слова, ничего не изменилось. Все эти увещания действительны и сегодня. Несмотря на то, что культура изменилась и наша жизнь радикально отличается от жизненного уклада первого века, основные обязанности пасторского служения остаются незыблемыми.

Божьего Слова по-прежнему достаточно, чтобы дать нам представление о божественном призвании пастора и наставление о том, как он должен расставлять приоритеты в своем ежедневном расписании. Слово Божье постоянно подчеркивает приоритеты верных пастырей и подтверждает, что эти приоритеты вращаются вокруг основного призвания:

«Пасите Божие стадо, какое у вас, надзирая за ним...» Слово Божье имеет силу преодолеть все преграды, выставленные внешними требованиями, давлением и ожиданиями, и защитить дух пастора от угасания.

Я надеюсь, что, изучая призвание и приоритеты пасторского служения и размышляя над ними, вы лучше поймете, *что* Бог действительно требует от вас и *куда* Он хочет направить ваше время. Цель этой книги проста: раскрыть приоритеты, которые Бог устанавливает для каждого пастора. Бог раскрывает эти приоритеты на протяжении всего Писания. Он впервые устанавливает их в жизни народа Израиля, затем утверждает по мере раскрытия Своего полного плана искупления и подтверждает в наставлениях, данных через Иисуса и апостолов.

В этой книге мы сосредоточимся на десяти ключевых приоритетах, которые лежат в основе служения каждого пастора.

Приоритет 1: хранить залог истины. Пастор должен быть привержен Слову Божьему и учению апостолов и быть готовым проповедовать, учить и защищать его, когда эти ценности противоречат современной культуре.

Приоритет 2: проповедовать Слово. Пастор должен верно проповедовать всю волю Божью, подробно и тщательно изъясняя смысл текста и применяя его к жизни тех, кто находится под пасторской опекой.

Приоритет 3: молиться о пастве. Пастор должен быть ходатаем. Он должен приносить нужды своей церкви перед Богом и быть примером в молитве как публичной, так и частной.

Приоритет 4: быть образцом. Пастор является образцом для своей паствы и ему нужно всегда помнить, что другие берут с него пример. Хотя пастор должен быть образцом праведного поведения, он должен также быть примером исповедания и покаяния, тоже признавая себя грешником и обучая своих людей тому, как применять Евангелие в жизни.

Приоритет 5: посещать больных. Пасторы должны посещать больных, нуждающихся в заботе и ободрении, а также обучать других членов общины заботиться о тех, кто оказался в нужде.

Приоритет 6: утешать скорбящих. Перед лицом смерти пастор должен скорбеть вместе со скорбящими и тактично напоминать им о надежде и ободрении Евангелия. В частности, речь идет о проповеди евангельской вести на похоронах и погребальных службах.

Приоритет 7: почитать вдов. Этим библейским учением часто пренебрегают. Оно призывает пасторов нести ответственность за вдов, находящихся в церкви, и творчески подходить к заботе о них, подавая в этом пример и привлекая родственников этих особенных женщин и других членов церкви к опеке над ними.

Приоритет 8: обличать грех. Пасторы должны обличать грех и принимать в церкви дисциплинарные меры в надежде на покаяние и восстановление.

Приоритет 9: утешать малодушных, поддерживать слабых. Хотя у нас может возникнуть искушение просто отмахнуться от людей, которые меняются не так быстро, как хотелось бы, Бог призывает пасторов демонстрировать терпение и настойчивую надежду, уделяя особое внимание тем людям, которые испытывают трудности, отчаяние и проблемы.

Приоритет 10: выявлять и обучать лидеров. Основная обязанность пасторов — выявление, обучение и воспитание будущих служителей церкви. Каждый пастор должен иметь план, как это сделать в своей поместной церкви, и активно искать новое поколение лидеров.

Все упомянутые выше приоритеты основаны на экспозиции Божьего Слова и реализуются на практике в жизни и служении. Прежде чем говорить о практических инструментах для решения поставленных задач, нам нужно заложить твердое библейское основание для этих пастырских повелений.

Важное предостережение

Возможно, когда вы увидите эти десять приоритетов, вы удивитесь, что в этом списке отсутствуют такие важные аспекты служения пастора, как, например, благовестие и забота о бедных. Павел увещевает Тимофея совершать «дело благовестника» (2 Тим. 4:5), а галатийских верующих наставляет помнить о бедных (Гал. 2:10). Безусловно, это важные обязанности, которые необходимы для здоровья любой поместной церкви. В этом пастор, несомненно, должен показывать пример, вести за собой и поощрять к этому свою церковь. Однако в этой книге я сосредоточился на приоритетах именно *пастырского* служения, на том, что должен делать пастырь, чтобы пасти Божий народ, то есть заботиться о нем. И хотя я не рассматривал эти важные аспекты служения напрямую, они, несомненно, присутствуют в упомянутых десяти приоритетах. От благовестия никуда невозможно скрыться, когда речь идет о проповеди Слова и сохранности истины. Забота о бедных в церкви неизбежна, когда пастор посещает больных, опекает вдов и ободряет немощных.

В конечном счете, я бы хотел, чтобы каждый пастор чувствовал себя свободным от гнета и давления служения, от завышенных ожиданий других людей, от обязанностей отвечать на каждую нужду. Я не хочу, чтобы его поработила обязанность отдавать время, которого нет, пытаться быть в двух местах одновременно и выполнять бесчисленные задачи, которые не принесут никакой признательности, а доставят только головную боль. Я надеюсь, что сила Божьего Слова, изложенная на этих страницах, вдохновит каждого пастора увидеть, что Бог желает для его жизни и служения, и лучше определить, что он может сделать, чтобы угодить Пастыреначальнику.

ЧАСТЬ 1

ОСНОВАНИЕ

ГЛАВА 1
ХРАНИТЬ ИСТИНУ

Держись образца здравого учения, которое ты слышал от меня, с верой и любовью во Христе Иисусе. Храни добрый залог Духом Святым, живущим в нас (2 Тимофею 1:13–14).

Каждый отец наверняка знает, что такое отцовский инстинкт защитника по отношению к своим детям. Иногда это означает, что он должен преодолеть свои собственные страхи, чтобы защитить ребенка.

У меня самого есть сильный и здравый страх, с которым мне довольно тяжело справиться. Это страх перед большими и злыми на вид собаками. Иногда, во время пробежки по району, я держу при себе палку — на случай, если один такой пес выйдет мне навстречу. Иногда я даже меняю свой маршрут, чтобы случайно не привлечь взгляд какого-нибудь барбоса, оказавшегося не на привязи.

Однажды солнечным днем я шел по улице вместе со своей семьей. И вдруг из дома наших соседей вырвалась большая злая собака, потому что хозяева по неосторожности оставили входную дверь открытой. Собака явно нацелилась на нашу семью, как на лакомство. Со всех лап пес помчался к нашей младшей дочери, которая ехала на маленьком велосипеде, и в это мгновение я отбросил свои личные страхи. Меня обуревало лишь одно естественное желание защитить свою дочь, чего бы мне это ни стоило. Я был готов на все, чтобы убедиться, что мой ребенок в безопасности.

К счастью, все обошлось. Никто не пострадал. Мне даже не пришлось в тот день причинить боль ни одной собаке! Хозяин своевременно вышел во двор и свистом вернул пса домой. Примерно через два часа мой уровень адреналина пришел в норму.

В ту минуту, когда я впервые увидел собаку, бегущую в направлении моей дочери, я отреагировал инстинктивно. Конечно же, меня на мгновение обуял страх, в голове промелькнуло несколько мыслей, но в тот момент я не сильно переживал о последствиях. Я знал тогда: единственное, что имеет значение, — убедиться, что моя малышка в безопасности.

Какое отношение это имеет к пасторскому служению? Сам будучи пастором, регулярно консультируя других пасторов и заботясь о них, я знаю, что у служителя всегда множество дел. Нужно готовить проповеди, посещать больных членов церкви, нести бремя руководства и администрирования. И все же Бог призвал пасторов к уникальному служению, которое они несут не только для своих поместных церквей, но и для Царства Божьего. Пасторы призваны быть хранителями истины. Это призвание требует от пастора быть мужественным и жертвенным, подобно отцу, защищающему свою дочь от нападения злой собаки. Пастор должен заботиться о своей пастве, но это также означает, что ему нужно хранить истину и оберегать церковь от лжеучений. Это значит, что он должен помогать прихожанам понимать благую весть Божьего Слова и возрастать в ней.

Почему я упоминаю об этом в первую очередь? Потому что, если мы потеряем истину, нам нечего будет дать членам церкви.

Бог открывал истину Своему народу на протяжении многих веков и в каждом поколении призывал и снаряжал определенных людей по сердцу Своему, чтобы они были защитниками, распорядителями и хранителями истины. При всей своей занятости, при всей занятости паствы, пасторы, которые несут служение в современном мире, должны усвоить и принять этот библейский приоритет, иначе им нечего будет сказать, да и некому будет это услышать. Доктрины и убеждения церкви, укорененные в Писании, являются жизненной силой церкви. Если мы не будем охранять истину, этот добрый залог Божьего Слова, все остальное уже не будет иметь никакого значения.

Библейские хранители истины

Библия учит, что Бог избрал для Себя из всех прочих народов земли один народ, которому суждено было стать Его народом, а сам Яхве должен был стать их Богом. Этим народом был Израиль, который произошел от Авраама по его вере в Господа. Бог решил открыть Себя и Свои пути Своему народу с помощью слов, которыми Он обращался к людям. Тем же голосом, которым Бог проговорил и сотворил из ничего Вселенную, Он намеревался передать весть о Своем совершенном характере, о Своих суверенных целях и искупительных путях. После того, как Моисей вывел Израиль из египетского рабства, Бог привел израильтян на место в пустыне, где заключил с ними завет. Бог передал условия завета Моисею, чтобы тот поделился ими с народом, и народ согласился с Божьими уставами (Исх. 19). Бог проговорил Свой закон народу, пообещав благословить его за послушание и предупредив о проклятии за непослушание. Моисей записал все эти слова. Они стали законом, которому надлежало регулировать взаимоотношения между людьми и которым Израиль должен был руководствоваться и в будущем. Даже тогда, когда народ проявлял непослушание, Бог продолжал являть Себя и Свое Слово избранному народу, сохраняя это Слово на протяжении многих поколений.

В эпоху царей многие правители Израиля творили великое зло в очах Господа, но Бог по-прежнему действовал в сердцах Своего народа, являя Свою волю о Себе, давая обетования и раскрывая Свой план. Он побудил сердца некоторых израильтян утешаться законом Господним и размышлять над ним день и ночь (Пс. 1:2). Во всех поколениях Бог сообщал, что есть небольшой остаток Его народа, люди, которые продолжают любить Его закон, утешаться Его заповедями и ходить Его путями (Пс. 118). Его пророки продолжали нести вперед факел веры, охраняя закон и говоря истину о Божьих откровениях. И несмотря на то, что их презирали, обрекали на муки и даже предавали на смерть, они твердо держались закона, явленного через Моисея, и обетований грядущего нового завета (Иез. 36:26–27), уповая на будущего Искупителя (Ис. 59:20).

Ветхий Завет в Библии заканчивается довольно мрачно: Божий народ оказался в изгнании, рассеялся среди других народов и тяжко страдал под чужеземным игом. Драгоценные слова Божьего закона, обращенные к Его народу, оказались потеряны и забыты. Храм был разрушен. Цари ушли; народ был сломлен. И все же надежда окончательно не исчезла. Закон, некогда потерянный и забытый, все же нашелся! Эта находка принесла новую надежду остаткам народа, который постепенно стал возвращаться из изгнания. В Ветхом Завете, в Книге Неемии, описана очень яркая история о том, как священник Ездра встал перед всем народом и начал читать книгу закона, которая каким-то чудом уцелела во время разрушения:

> *Когда наступил седьмой месяц и сыны Израилевы жили по городам своим, тогда собрался весь народ, как один человек, на площадь, которая перед Водяными воротами, и сказали книжнику Ездре, чтобы он принес книгу закона Моисеева, который заповедал Господь Израилю.*
>
> *И принес священник Ездра закон перед собрание мужчин, и женщин, и всех, которые могли понимать, в первый день седьмого месяца; и читал из него на площади, которая перед Водяными воротами, от рассвета до полудня, перед мужчинами, и женщинами, и всеми, которые могли понимать; и уши всего народа были приклонены к книге закона.*
>
> *Книжник Ездра стоял на деревянном возвышении, которое для этого сделали…*
>
> *И открыл Ездра книгу перед глазами всего народа, потому что он стоял выше всего народа. И когда он открыл ее, весь народ встал. И благословил Ездра Господа, Бога великого. И весь*

народ отвечал: «Аминь. Аминь», поднимая вверх руки свои; и поклонялись, и повергались пред Господом лицом до земли.

…Левиты поясняли народу закон, между тем как народ стоял на своем месте. И читали из книги, из закона Божьего, внятно, и присоединяли толкование, и народ понимал прочитанное.

Тогда Неемия, он же тиршафа, и книжник Ездра, священник, и левиты, учившие народ, сказали всему народу: «День этот свят Господу, Богу вашему; не печальтесь и не плачьте», — потому что весь народ плакал, слушая слова закона.

И сказал им: «Пойдите, ешьте тучное, и пейте сладкое, и посылайте части тем, у кого ничего не приготовлено, потому что день этот свят Господу нашему. И не печальтесь, потому что радость пред Господом — подкрепление для вас».

И левиты успокаивали весь народ, говоря: «Перестаньте, ибо день этот свят, не печальтесь».

И пошел весь народ есть, и пить, и посылать доли, и праздновать с великим весельем, ибо поняли слова, которые сказали им.

Неемия 8:1–12

Израиль возвратился из многолетнего плена и изгнания и увидел разрушенный храм и город. Уже много лет никто не видел и не слышал Божьего закона, записанного Моисеем. И все же Бог сберег Слово для Своего народа и через это Слово явил обетования завета и Свой характер. Все это было явлено через нескольких верных царей, пророков и книжников, которые пронесли эту весть через поколения. Бог сохранил Свое откровение, чтобы во время пришествия обещанного Мессии народ Божий смог узнать и признать Его.

Мессия, Иисус

К сожалению, когда Мессия наконец пришел, как и предсказывали пророки, Его народ *не* узнал Его. На самом деле, из-за того, что уши перестали слышать, а сердца очерствели, у людей было совершенно неправильное представление о том, кто такой Мессия и какие цели Он преследует, освобождая их. Они ожидали царя-воина, который уничтожит римских оккупантов, но не духовного учителя, который будет распят на кресте. Иисус был живым примером того, что значит охранять и воплощать Божью истину. Иисус исполнил все то, о чем говорили пророки, и стал совершенной жертвой, которая спасла Его народ «от грехов их» (Мф. 1:21). Иисус не просто хранитель истины; Он Сам *есть* Истина (Ин. 14:6). Он есть Слово, ставшее плотью, пришедшее обитать среди нас (Ин. 1:14).

Иисус пришел утвердить закон и то, что говорили пророки. Он пришел, чтобы исполнить Слово Божье. Об этом мы узнаем из слов Самого Иисуса в Нагорной проповеди (Мф. 5–7), когда Он говорил о значении и роли закона в Царстве Божьем[2]. Он пришел, чтобы Своей жизнью, смертью и воскресением явить людям Царство Божье (Мк. 1:15). Уже после того, как Он воскрес, в беседе с двумя обескураженными учениками по дороге в Эммаус, Иисус объяснил Свою уникальную роль в Божьем плане искупления:

---

[2] Существуют три наиболее распространенные позиции в толковании Нагорной проповеди: (1) Иисус просто раскрывает истинное значение закона; (2) Иисус радикально меняет смысл закона; или (3) Иисус создает совершенно новый закон. Все три точки зрения подтверждают тот факт, что Иисус исполнил закон Моисеев, и истину о том, что Он получил от Отца суверенную власть определять цели закона.

«"О несмысленные и медлительные сердцем, чтобы верить всему, что предсказывали пророки! Не так ли надлежало пострадать Христу и войти в славу Свою?" И, начав от Моисея, из всех пророков изъяснял им сказанное о Нем во всем Писании» (Лк. 24:25–27).

Несмотря на смятение и уныние учеников, Иисус завел с ними разговор и открыл им, что Он и есть Тот, о Ком говорили Моисей и пророки. Его личность и Его дела осуществили ту истину, которую на протяжении веков провозглашали Моисей и пророки. И ныне, воскреснув из мертвых, Он, Спаситель, обрел всю полноту власти на небе и на земле (Мф. 28:18), чтобы провозглашать истину о Боге, Его заветных обещаниях и плане искупления.

Хранители Евангелия

Через некоторое время Иисус вознесся к Своему Отцу, но не оставил апостолов одних. Он наделил их силой Святого Духа и поручил им быть единственными хранителями евангельской истины. Он повелел им быть Его свидетелями на земле (Деян. 1:8). Имея эти полномочия, апостолы посвятили все свое время и силы «молитве и служению слова» (6:4). Книга Деяний повествует о том, как формировалась ранняя церковь, как апостолы верно несли знамя евангельской вести и совершали именно то, что повелел им делать Иисус. Мы видим, как в них и через них могущественным образом действовал Святой Дух. Там же мы знакомимся с апостолом Павлом, который до обращения был врагом церкви, но впоследствии сыграл ключевую роль в воспитании и обучении нового поколения служителей, стоящих на страже евангельской истины.

В своих посланиях к Тимофею и Титу Павел кратко описал это призвание. В письме к Тимофею он написал: «Храни добрый залог, [доверенный тебе]...» (2 Тим. 1:14). Он наставлял Тимофея хранить здравое учение — те самые доктрины, которым он его научил, — а затем передать это учение верным людям (2:2). Главный аспект хранения истины — это задача сохранить ее неповрежденность. Павел с грустью поведал Тимофею печальный факт, что написал это наставление в том числе потому, что самые близкие друзья и партнеры по служению покинули его: «Ты знаешь, что все асийские оставили меня; в числе их Фигелл и Ермоген» (1:15). Павел постоянно был вынужден идти на конфронтацию с противниками и противницами Евангелия, которые хотели исказить евангельскую весть. И подойдя к концу своей жизни, Павел понимает, что необходимо передать евангельский «залог» следующему поколению. Поэтому он и написал Тимофею, зная, что многие из тех же врагов Евангелия будут противостоять и Тимофею.

Такое же повеление — хранить Евангелие — мы видим в письме Павла к другому молодому пастору Титу. Павел написал Титу письмо и велел ему поставить в церквах на острове Крит благочестивых, библейски квалифицированных служителей (Тит. 1:5). Причины были теми же, что и в случае с Тимофеем. Павел велел Титу поставить в каждом городе пресвитеров (то есть старейшин), твердо держащихся «истинного слова, согласного с учением, чтобы он был силен и наставлять в здравом учении, и противящихся обличать» (Тит. 1:9). В этом письме Павел объяснил Титу, что всегда найдутся те, кто будет стремиться искажать Евангелие и выступать против его истины (1:10–16).

На этих примерах мы можем убедиться, что хранители Евангелия Христова преследуют двоякую цель: с одной стороны, *твердо держаться* истинного Слова, с другой, *опровергать* тех, кто ему противится. Пасторы — это люди, которые поставлены, чтобы хранить Божью истину, и их первостепенная задача — твердо держаться этой истины, смело опровергая тех, кто противится ей, а также передавать ее следующему поколению через поставленных на это служение хранителей.

Иисус пришел во исполнение того, что написано в законе и провозглашено пророками. Иисус сказал Свое Слово апостолам, а они записали его, передав затем другим ученикам — таким как Тимофей и Тит. Вместе с этим Словом они передали и особое поручение: хранить истину Евангелия. Учение апостолов дошло до нас благодаря тому, что многие верные пастыри на протяжении двух тысяч лет передавали его из поколения в поколение. Так оно сохранилось до сегодняшнего дня и попало к нам в руки. Как пастор и служитель церкви, вы принадлежите к длинной череде хранителей, которым доверено любой ценой сохранить залог и доверить его последующему поколению. Это ваше призвание, один из приоритетов вашего пасторского служения. Но возникает вопрос: как это сделать практически?

Охрана истины в служении

Евангелие — это благая весть от Иисуса. Кроме того, это благая весть *об* Иисусе, история о том, как действовал Бог от начала до конца, чтобы создать, спасти и благословить народ, который Он избрал для Себя и назвал Своим именем. Это истина о том, что Бог создал все «хорошо весьма». Все творение было совершенным, но через Адама и Еву в сотворенный мир вошел грех. Человеческий грех влияет на все, в том числе на человека, сотворенного по образу и подобию Божьему. Все люди приходят в этот мир, рождаясь грешниками, отделенными от Бога, без надежды на спасение и примирение с Богом своими собственными усилиями. Евангелие — это благая весть о том, что Бог по милости Своей не оставил нас в таком безнадежном состоянии, но послал Своего единственного Сына Иисуса, чтобы спасти нас, искупить и восстановить наши отношения с Богом. Иисус пришел на землю, прожил совершенную жизнь, принял искупительную смерть на кресте за грешников и понес вместо них Божий гнев на Себе. На третий день Он воскрес из мертвых, тем самым победив смерть, и теперь восседает по правую руку от Отца, владычествуя над народами и готовясь вновь прийти, чтобы забрать с Собой Свою Невесту — Церковь. Всякий, кто оставит свой грех, уверует и доверит жизнь Иисусу Христу, спасется от грядущего гнева, получит прощение всех грехов и будет облечен в праведность Иисуса, получив усыновление и будучи назван дитем живого Бога. Все это — дар Божьей благодати. Такова истина Евангелия, и вот уже почти две тысячи лет эту весть поручено нести всем последователям Христовым, а особенно пасторам.

Пасторы призваны не просто излагать евангельскую весть, но и хранить *основополагающие истины* Евангелия. В своем письме молодым ученикам Тимофею и Титу апостол Павел поведал, что им следует ожидать появления лжеучителей, которые будут извращать и искажать истину Евангелия. И мы сегодня, подобно Тимофею и Титу в то время, должны осознавать, что наша задача по охране евангельской истины остается такой же: четко понимать саму истину и неустанно провозглашать ключевые аспекты этой вести. Мы обязаны с постоянством говорить о безгрешности Иисуса, о том, что Иисус в сущности Своей — полностью Бог и полностью человек, о том, что Его заместительная смерть стала искупительной жертвой, благодаря которой нам вменена Его праведность, и всякий, кто последует за Ним, гарантированно получит прощение своих грехов. Мы должны говорить о телесном воскресении Иисуса, о том, что Ему дана всякая власть и сейчас Он восседает по правую руку Бога Отца.

Мы знаем, что всегда найдутся люди, которые будут выступать против истины Евангелия и пытаться так или иначе исказить ее, поэтому основной обязанностью пасторского служения является защита церкви от этих искажений. Однако, помимо защиты от явных лжеучений, пастору типичной евангельской церкви зачастую приходится сталкиваться с двумя другими менее заметными, а оттого еще более серьезными опасностями. Во-первых, не желая усложнять проповедь, а то и просто ради риторического эффекта, пастор намеренно упускает некоторые важные и существенные элементы Евангелия. Простота — вещь хорошая, но мы не имеем права жертвовать истиной ради простоты и ясности. Поэтому, даже столкнувшись с трудными для понимания местами или с необходимостью приводить сложные аргументы в изъяснении того или иного текста, мы должны потратить время, чтобы изложить и объяснить значение того или иного библейского отрывка. Не избегайте сложных библейских доктрин в попытке сохранить простоту.

Во-вторых, и это касается прежде всего тех, кто уже давно уверовал во Христа, некоторые начинают воспринимать Евангелие как *само собой разумеющееся*. Они полагают, что все и так его знают (что совсем не так). Или же думают, что если человек услышал и понял Евангелие или откликнулся на него, то больше уже и не нужно говорить с ним об этом. Однажды я слышал, как, говоря об опасности восприятия Евангелия как само собой разумеющегося, один пастор высказался так: «Поколение, которое воспринимает эти важные элементы Евангелия как само собой разумеющееся, в следующем поколении потеряет само Евангелие»[3]. Как же уберечь паству от подобного восприятия Евангелия? Как поощрить членов церкви ценить и отстаивать красоту Евангелия? Ответ прост: пасторы хранят истину Евангелия, *неустанно* провозглашая ее среди Божьего народа и убедительно *применяя* ее в своих еженедельных проповедях Слова Божьего. Не думайте, что все и так знают и понимают Евангелие; проповедуйте его регулярно. Сберечь истину можно лишь тогда, когда мы говорим о ней и передаем ее другим, наглядно демонстрируя, как эта истина Евангелия применяется в повседневной жизни. Если же мы не будем этого делать, мы не сможем сберечь Евангелие. И тогда сила Евангелия и в церкви, и в нашей собственной жизни иссякнет.

---

[3]   Впервые я услышал эту цитату от своего друга и наставника Марка Девера. Он, в свою очередь, перефразировал высказывание Дональда Карсона: «Первое поколение верит в Евангелие. Второе поколение считает Евангелие само собой разумеющимся. Третье поколение отвергает Евангелие».

Защищать авторитет всего Писания

Евангелие — это благая весть об Иисусе, раскрывающая Божий план искупления, кульминацией которого в истории человечества является приход Иисуса. При всей важности сохранения евангельской вести не стоит пренебрегать и другими библейскими учениями, из нее вытекающими. Необходимо высоко ценить все здравые слова апостольского учения, а это означает, что следует провозглашать все Писание, то есть и Новый, и Ветхий Завет. Павел пишет, что «все Писание богодухновенно», то есть «выдохнуто» Богом. При этом апостол отмечает, что оно «полезно для научения, обличения, исправления и наставления в праведности» (2 Тим. 3:16).

В своем послании к коринфской церкви Павел ссылается на Еврейские Писания (которые мы называем Ветхим Заветом) и подчеркивает, что примеры непослушания Израиля описаны «как прообраз... в наставление нам» (1 Кор. 10:11). Хранить истину — значит признавать, что нам необходимо получать наставления из Ветхого и Нового Завета. Божье авторитетное, непогрешимое, безошибочное Слово во всей его полноте и есть *вся* воля Божья. И здесь я бы хотел дать три рекомендации, как можно проповедовать всю волю Божью.

Во-первых, составляя план проповедей, возьмите за правило проповедовать на библейскую книгу от начала до конца. Тематические проповеди бывают вполне уместны. Но в тематическом подходе есть одна загвоздка — он позволяет пастору избегать проповеди на трудные тексты. Тематическая проповедь предоставляет пастору возможность самому выбирать тексты, на которые можно сослаться при рассмотрении предмета проповеди, и таким образом избегать спорных вопросов и сложных библейских отрывков. Но если вы намерены проповедовать на всю библейскую книгу, если церковь знает о том, что вы будете твердо держаться своего намерения, у вас не получится обойти стороной сложные тексты. Проповедь на всю книгу обеспечивает сбалансированное библейское питание. Ваша церковь будет получать всю полноту Слова. Такая проповедь будет защищать авторитет и ценность всей Библии.

Во-вторых, с учетом того, что сказано в предыдущем абзаце, старайтесь, чтобы в ваших сериях проповедей всегда наблюдался баланс между Ветхим и Новым Заветом. Если в подавляющем большинстве проповедей пастор из года в год проповедует на книги Нового Завета, прихожане воспримут это как сигнал, что Ветхий Завет не так важен, как Новый. В результате церковь не будет ценить Ветхий Завет и считать его полезным для научения и наставления в праведности. Также к балансу следует стремиться, выбирая для проповеди тексты разных жанров и разделов. Например, если пастор произносит большую часть проповедей на Павловы послания и реже проповедует на Евангелия, прихожане могут сделать вывод, что слова Павла важнее слов Иисуса. Постоянное и сбалансированное питание духовной пищей из книг как Ветхого, так и Нового Завета, а также из книг разных жанров, имеет решающее значение.

Чтобы достичь баланса между Заветами в нашей церкви, мы постарались проповедовать на книги разных Заветов, чередуя их между утренним и вечерним воскресными служениями. Иногда мы даже пытались на утреннем служении проповедовать на отрывок из книги одного Завета, а вечером того же воскресенья — на параллельный или раскрывающий ту же тему текст из другого Завета. Таким же образом мы стараемся чередовать жанры Ветхого и Нового Завета. И хотя этот баланс иногда нарушается, наша цель — провозглашать перед собранием всю Библию целиком, чтобы члены церкви и прихожане понимали, что *все* Писание полезно для научения, исправления и наставления в праведности.

В-третьих, если вы не можете чередовать проповеди по Ветхому и Новому Завету, то, по крайней мере, старайтесь на богослужениях читать вслух тексты как из Ветхого, так и из Нового Завета. Церковь практиковала этот подход на протяжении всей своей истории, и такой сбалансированный подход дает служителю возможность показать церкви, что Библия, как цельная книга, описывает единую историю искупления. Эти простые действия, если их совершать на протяжении довольно продолжительного времени, неизбежно научат прихожан лучше понимать Библию и бережно относиться к ней, как к дару от Бога. Поступая таким образом, пасторы учат свою паству хранить истину.

Наконец, применяйте этот принцип в контексте библейских занятий, малых групп, классов воскресной школы и других встреч, на которых Божье Слово преподает кто-то другой. Например, подумайте, какие изменения можно внести в проведение малых групп, если вы обнаружите, что большинство из них по умолчанию сосредоточены лишь на Павловых посланиях. Или, если вы предпочитаете проповедовать тематически, предложите на уроках воскресной школы для взрослых пройти несколько курсов по изучению конкретных библейских книг. Кроме того, оценивайте, какие модели обучения практикуются в детском и молодежном служении, какие там даются библейские наставления. Защита авторитета всего Писания всегда начинается с кафедры, но там, где пастор проявляет инициативу в оценке всех служений церкви, эта защита твердо стоит на страже авторитета Писания во всей церкви.

Учитывать культурные особенности

Каждое поколение христианских служителей сталкивается с задачей, когда нужно применить евангельскую истину к своему уникальному культурному контексту. Поэтому очень важно, чтобы пастор, желающий эффективно передавать истину, понимал культуру, в которой он призван служить. Современные технологии, социальные сети и тотальное обмирщение лишь подчеркивают актуальность этого. Доктор Альберт Молер, один из самых авторитетных христианских служителей, обращаясь однажды к группе пасторов, сказал: «Мы наблюдаем, как на протяжении одного поколения происходит крах культурного христианства... причем происходит это как никогда быстро и интенсивно. О том, что сейчас признают морально уместным, поколение назад даже боялись упоминать... В скором времени мы узнаем, каково это — быть не среди тех, кто формирует культуру в обществе, а среди маргиналов, отбросов общества»[4].

Предупреждение Молера подчеркивает, насколько важно знать современную культуру для того, чтобы быть успешным хранителем. Это значит, что нам следует использовать

---

[4]   Karen Willoughby, "Mohler's Utah Visit a 'Boost' to Pastors," *Baptist Press* online, www.bpnews.net/42331/mohlers-utah-visit-a-boost-to-pastors (дата обращения: 21.08.2014).

возможности, которые могут повысить уровень культурной осведомленности. Пасторы должны учиться, но во время учебы они должны изучать *широкий* спектр знаний. Пасторы должны стараться быть в курсе текущих событий в мире и последних новостей культуры. Они должны знать, что происходит в учебных заведениях и в сфере политики и выборов, а также держать руку на пульсе моральных противоречий нашего времени. Очевидно, что они не могут быть экспертами во всех этих вопросах. Но они должны иметь базовые знания о мире, в котором живут, чтобы впоследствии реагировать на происходящее с мудростью. Пасторы должны быть осведомлены о том, *как именно* сохранять истину, и эффективно обучать этому свою паству. Апологетика — это не просто знания о том, как рассказать Евангелие; это целая наука, которая требует определенных знаний о современных ересях и культурных препятствиях к принятию Евангелия. Пастор, хорошо разбирающийся в вопросах современной культуры, лучше оснащен для того, чтобы охранять истину и научить других делать то же самое.

Надзирать за стадом

Помимо публичного служения библейской проповеди и наставления как средства защиты доктрины, для охраны истины пасторы и служители церкви должны применять церковную дисциплину как средство увещания паствы истинно исповедовать свою веру. Петр увещевает пасторов надзирать за Божьим стадом. Это одна из задач пасторского служения (1 Пет. 5:2), которая, в свою очередь, означает, что пастор должен следить за тем, чтобы в практике и повседневной жизни церкви главным стандартом было

Слово Божье, проповедуемое и преподаваемое служителем. Несмотря на то, что это служение зачастую отделяют от пасторского призвания, пастор, выполняя эту задачу, несомненно, хранит залог истины. Хотя часть этой ответственности можно поручить и другим служителям церкви (дьяконам или другим лидерам), главную ответственность за надзор над всей церковью несет именно пасторы.

Пасторский надзор за стадом осуществляется через делегирование полномочий. Это относится и к душепопечению, и к подготовке лидеров, и к обучению новых членов церкви, и к благовестию неверующим, и к распоряжению церковными ресурсами. В больших церквях пастор никак не сможет на регулярной основе встречаться с каждым членом церкви один на один, но он может поручить другим зрелым христианам встречаться с двумя-тремя другими членами церкви и отчитываться перед пасторами о том, как прошли эти встречи. В таких ситуациях пасторы продолжают надзирать за стадом, даже не встречаясь непосредственно с каждым членом церкви.

Пасторский надзор также необходим в административных, финансовых, материально-технических и организационных аспектах жизни церкви. Нужно планировать и проводить каждое еженедельное богослужение. Необходимо правильно распоряжаться финансовыми средствами, поддерживать порядок в занимаемых помещениях, умело обращаться с кадрами, готовить и воспитывать новых лидеров и формировать служителей. Многие пасторы избегают этих обязанностей или вообще не хотят иметь ничего общего с этой стороной жизни церкви. Другие, наоборот, уделяют этим сферам слишком много времени, пренебрегая проповедью Слова.

Выполнение еженедельных административных задач может легко занять львиную долю времени пастора. Осуществлять надзор означает искать правильный баланс, мудро передавая ответственность верным служителям, при этом оставаясь в курсе всего, что происходит внутри церкви. В нашей церкви я не имею никакого отношения к подсчету сборов пожертвований по воскресеньям, тем более не знаю, сколько жертвует каждый член церкви. Тем не менее каждый месяц, прежде чем рассказать церкви о ее финансовом состоянии, я просматриваю ежемесячный финансовый отчет, чтобы быть в курсе финансовых показателей и того, как были потрачены деньги в текущем месяце. У меня есть достаточно сведений, чтобы задать необходимые вопросы, я понимаю общее финансовое состояние нашей церкви, однако большая часть повседневной работы в этой сфере находится в руках других людей. Когда возникнет необходимость принять какое-то срочное или из ряда вон выходящее финансовое решение, я могу участвовать в этом, но в других вопросах в моем участии нет необходимости, и это дает мне возможность сосредоточиться на других обязанностях.

Осуществлять пасторский надзор означает *иметь библейское мышление* в том, что касается нашего призвания, но в то же время *быть практичным* в применении библейских принципов в управлении церковью. Пасторы должны с мудростью себя организовывать, быть эффективными и способными со знанием дела и творчески подходить к решению общих проблем церкви, не увязая при этом в рутинных делах. Вам, как пастору, надлежит хранить залог истины, не только вникая в свою собственную жизнь и учение, но и с мудростью надзирая за всеми аспектами церковной жизни.

Заключение

Один мой хороший знакомый стал пастором небольшой церковной общины, которая имела богатую историю, но испытывала трудности. У этой церкви было богатое наследие, несмотря на трудности, с которыми она столкнулась. Еще несколько десятков лет назад эта церковь была живой и несла свет Евангелия жившим в той округе людям. Мой друг принял призыв, зная о богатом библейском наследии этой церкви и осознавая ее нынешнее плачевное положение дел. Единственное, чего он никак не мог понять, — это причины, почему так произошло. Приехав на место и начав служение, он изучил историю поместной общины, исследовал происходившие в ней внутренние конфликты, финансовые неурядицы и еретические учения и пришел к выводу, что источником всех бед была череда неверных пастырей. На протяжении нескольких десятков лет в церкви сменилось несколько пасторов, и все были известны своей моральной неустойчивостью, диктаторским стилем руководства, проявлениями финансовой нечестности, богословской двусмысленностью. Было совершенно очевидно, что они не имели четкой позиции относительно Евангелия и не были привержены Писанию как Слову Божьему. В течение двух поколений неверные пастыри, которые пренебрегли заповедью хранить добрый залог истины, стали причиной того, что церковь потерпела крах.

Эта церковь — пример того, что происходит, когда служители отказываются от обязательства хранить истину. Однако та же церковь может послужить и положительным примером, свидетельством силы Божьей и действенности

Писания. Под руководством нового пастора эта некогда умирающая и неблагополучная церковь снова начала процветать. Это произошло не сразу, а после десяти с лишним лет последовательного, библейского учения и преданности делу Евангелия в служении. Сейчас эта церковь вновь стала светом Евангелия в той местности. Прихожане пребывают в истине, их жизни преображаются. Мой друг сразу бы оговорился, что успех и новая жизнь этой церкви обусловлены вовсе не особыми стратегиями, модными программами или очарованием его собственной лидерской харизмы. Успех стал возможным благодаря действию Божьего Слова, которое принесло новую духовную жизнь. Этот пастор надеется еще как минимум несколько лет оставаться на том месте и продолжать нести там плодотворное служение. И все же он уже помнит, что главный его приоритет сейчас — вырастить новое поколение, которое будет хранить истину, заново открытую и восстановленную в этой церковной общине.

Сегодня, спустя почти две тысячи лет после вознесения Христа, Церковь Христа распространилась по всему миру. И по Божьей благодати она будет продолжать расти и расширяться, по мере того как верные люди, которым истина была передана предыдущими поколениями верных, будут воспитывать следующее поколение лидеров и наставят их передавать эту истину дальше. Пастор должен инстинктивно понять свое первостепенное призвание: хранить добрый залог истины и передавать ее другим надежным людям. Жизненные приоритеты служителя могут включать в себя множество добродетелей, но все они должны быть основаны на Божьей истине, на Евангелии Иисуса Христа, на всей полноте Писания и управляться этой истиной. Если пасторы и руководители церквей будут этим пренебрегать, то будут строить всю свою жизнь и служение на недолговечном основании. Утратив истину, мы останемся ни с чем. Но если мы будем хранить истину и делать ее жизненной силой нашего служения, то войдем в труд, который совершает Святой Дух. Он наделит нас силой для этой работы и вдохнет жизнь и в наши души, и в души прихожан наших церквей.

ГЛАВА 2
ПРОПОВЕДОВАТЬ СЛОВО

Итак, заклинаю тебя пред Богом и Господом нашим Иисусом Христом, Который будет судить живых и мертвых, явлением Его и Царством Его: проповедуй слово, настой вовремя и не вовремя, обличай, запрещай, увещай со всяким долготерпением и назиданием (2 Тимофею 4:1–2).

Зачастую в плотном рабочем графике пастора очень трудно выделить время на изучение Библии для подготовки к проповеди. Тем не менее, несмотря на все другие требования, выдвигаемые к служителю, изучение и проповедь Слова Божьего должны оставаться в центре внимания каждого верного пастора. В последние годы, когда для проповедников стали доступны новые технологии и многочисленные ресурсы, размещенные в Интернете, возникла интересная тенденция, которую называют «проповедническим плагиатом». Это когда пастор, чей распорядок дня, несомненно, занят всевозможными мероприятиями и делами, впадает в искушение взять доступную в Интернете информацию, позаимствовать чужие конспекты, а то и просто повторить проповедь, произнесенную другим служителем в другой церкви, слово в слово. Пасторы, у которых нет идей для того, чтобы подготовить собственную воскресную проповедь, зачастую повторяют проповеди популярных, одаренных и успешных служителей, выдавая их за свои собственные. Подобное искушение подогревается тем, что некоторые известные проповедники поощряют пасторов делать это. Они позволяют другим пользоваться своими собственными материалами для удобства, с целью освободить время вечно занятых пасторов для других обязанностей.

Один популярный пастор смело отвечает на вопрос, могут ли другие использовать его проповеди для усовершенствования своего служения: «Конечно, пользуйтесь»[5]. В другом месте он прямо заявляет: «Когда я только начинал создание церкви Сэддлбэк, проповеди других пасторов питали мою душу и облегчали мне подготовку! Я надеюсь, что [мои] проповеди... сделают то же самое для вас. И мне все равно, будете ли вы пользоваться конспектами или стенограммами в качестве банка идей для своих проповедей, или будете слушать проповеди, чтобы отточить свои ораторские навыки. Я буду очень рад, если это поможет вашему служению стать более эффективным»[6].

---

[5]   Цитируется по: Ron Forseth, "Just What Is Pulpit Plagiarism?" *Church Leaders* online, www.churchleaders.com/pastors/pastor-articles/138301-just-what-is-pulpit-plagiarism.html (дата обращения: 22.08.2014).

[6]   Цитируется по: Tim Brown, "The Preacher and Plagiarism," *Cross Connection Network* online, www.crossconnection.net/2011/10/preacher-plagiarism/ (дата обращения: 22.08.2014).

Несомненно, щедрость пастора Рика Уоррена и его желание помочь другим пасторам достойны похвалы. Однако в долгосрочной перспективе поощрять такое поведение недальновидно и неразумно. Почему? Потому что *проповедь* — это призвание пастора. А к ней нужно готовиться, изучая библейский материал. Это подразумевает личное размышление над Словом и молитву. Здесь не может быть обходных путей или суррогатов. Пастор призван не просто проповедовать Божье Слово. Он должен проповедовать Слово, которое сам глубоко усвоил и применил к практической жизни своей паствы.

Моя цель — не просто подтвердить важность самой проповеди, но и продемонстрировать конкретный *процесс подготовки* к проповеди. Павел, обращаясь к Тимофею в четвертой главе второго Послания, напоминает, что подготовка к проповеди — неотъемлемая часть самой проповеди, и я верю, что подготовка не может не включать в себя тщательное изучение текста и молитву. Это процесс, который нельзя заменить трудами другого человека. Проповеди других пасторов действительно могут оказаться полезными, если пользоваться ими должным образом, но подготовка к проповеди предполагает определенное посвящение сердца и времени пастора. Если служитель не готов взять на себя такое обязательство, его публичное служение в Слове никогда не будет полноценным и тем более никогда не будет соответствовать замыслам Божьим.

Библейская заповедь: проповедуй Слово!

Везде на страницах Писания мы видим, как Бог обращался к Своему народу через назначенного руководителя. Бог говорил к народу и ждал от него соответствующего отклика. В Ветхом Завете Бог выбрал израильский народ среди прочих народов, чтобы взять его в особый удел и сделать Своим собственным. Но Израиль не оправдал Божьих ожиданий. Его откликом было не послушание Богу, а отступничество, грех и идолопоклонство. Тем не менее это никак не изменило модель Божьего общения с народом: Он говорит через посредников и требует отклика. Эта схема действует и остается неизменной на протяжении всей истории Писания.

Израиль

Когда потомки Иакова оказались в рабстве у египтян, Бог услышал вопль народа Своего в Египте и дал им спасение от рабства. Он поставил Моисея во главе народа и возложил на него ответственность нести народу Божье Слово. Бог заключил завет со Своим народом через Моисея, который и объявил израильтянам Божье Слово. Народ ответил согласием. Вот как описана сцена заключения этого завета (который знаком нам сегодня как «Ветхий Завет») между Богом и Израилем:

> *И Моисею сказал Он: «Взойди к Господу ты и Аарон, Надав и Авиуд и семьдесят из старейшин Израилевых и поклонитесь Господу издали; Моисей один пусть приблизится к Господу, а они пусть не приближаются, и народ пусть не восходит с ним».*
> *И пришел Моисей и пересказал народу все слова Господни и все законы. И отвечал весь народ в один голос, и сказали: «Все, что сказал Господь, сделаем». И написал Моисей все слова Господни.*

И, встав рано поутру, поставил под горою жертвенник и двенадцать камней, по числу двенадцати колен Израилевых; и послал юношей из сынов Израилевых, и принесли они всесожжения, и заклали тельцов в мирную жертву Господу Богу. Моисей, взяв половину крови, влил в чаши, а другой половиной окропил жертвенник; и взял книгу завета и прочитал вслух народа, и сказали они: «Все, что сказал Господь, сделаем и будем послушны».

И взял Моисей крови и окропил народ, говоря: «Вот кровь завета, который Господь заключил с вами о всех словах этих».

Исход 24:1–8

Обратите внимание, что ни народ, ни старейшины не были допущены в Божье присутствие. Необходимо было, чтобы кто-то представлял интересы народа и передавал ему Божье Слово. Божий замысел заключался в том, чтобы передавать Свою волю через избранного вождя, который бы услышал Божье Слово и передал его всем остальным. И народ единодушно ответил согласием и обещанием повиноваться (Исх. 24:7).

Но, несмотря на то что Бог сохранил Свою верность, народ не стал повиноваться. Напротив, он взбунтовался против Бога. Тем не менее Бог продолжил через специально назначенных вождей обращаться к Своему народу. Эти избранные мужи произносили Его Слово и всегда призывали народ откликнуться на него. Такая модель прослеживалась в служении всех ветхозаветных пророков. Пророки напоминали народу о Божьем законе и Его завете с ним и призывали понять, что Бог желает его покаяния и возвращения к Нему. Народ вновь и вновь отвергал эти слова, но призванные Богом глашатаи оставались верны Слову Божьему и продолжали говорить то, что открыл им Бог. Многие из них пострадали и подверглись жестоким гонениям за свое послушание.

В истории Израиля было несколько светлых пятен, когда народ был послушен Слову. Это время было своего рода предвестником будущего искупления Божьего народа. Так, царь Давид в ответ на Божье Слово, произнесенное через пророка Нафана (2 Цар. 12), покаялся в своем грехе. Многие псалмопевцы, несомненно, питали глубокую любовь к Божьему Слову, и многие люди следовали их призыву любить Слово и повиноваться ему. Красота, продолжительность и содержание одного только Псалма 118 напоминают нам о том, что многие среди избранного Богом израильского народа любили закон Господень и стремились не только исполнять его, но утешаться им и размышлять над ним.

Пожалуй, самый яркий ветхозаветный образ того, как Бог говорит со Своим народом и оживляет его через Свое Слово, содержится в видении пророка Иезекииля о долине сухих костей:

> *Была на мне рука Господа, и Господь вывел меня духом и поставил меня среди поля, и оно было полно костей; и обвел меня кругом около них, и вот, весьма много их на поверхности поля, и вот, они весьма сухи. И сказал мне: «Сын человеческий! Оживут ли кости эти?»*
>
> *Я сказал: «Господи Боже! Ты знаешь это».*
>
> *И сказал мне: «Изреки пророчество на кости эти и скажи им: "Кости сухие! Слушайте слово Господа!" Так говорит Господь Бог костям этим: "Вот, Я введу дух в вас, и оживете. И обложу вас жилами, и выращу на вас плоть, и покрою вас кожей, и введу в вас дух, и оживете, и узнаете, что Я Господь"».*

Я изрек пророчество, как велено было мне. И когда я про-
рочествовал, произошел шум, и вот движение — и стали
сближаться кости, кость с костью своею. И видел я: и вот
жилы были на них, и плоть выросла, и кожа покрыла их сверху,
а духа не было в них.

Тогда сказал Он мне: «Изреки пророчество духу, изреки
пророчество, сын человеческий, и скажи духу — так говорит
Господь Бог: "От четырех ветров приди, дух, и дыхни на этих
убитых, и они оживут"». И я изрек пророчество, как Он повелел
мне, и вошел в них дух, и они ожили и стали на ноги свои —
весьма, весьма великое полчище.

Иезекииль 37:1–10

Это яркая картина того, как Бог возвратил Свой народ
к жизни. Бог проговорил к безжизненным костям, к мерт-
вым телам. И это Слово посредством Духа Божьего вновь
вдохнуло в них жизнь. В этом видении суверенный Господь открыл Свой Божественный замысел вдохнуть жизнь
в Свой народ. Это тот самый план, который был провозгла-
шен в новозаветных обетованиях и осуществлен через про-
литие крови Иисусом Христом.

Церковь

Долгожданный Мессия, Иисус Христос, Своим приходом
ознаменовал начало действия нового завета. Прожив совершенную жизнь, приняв смерть и воскреснув из мертвых,
Иисус кровью выкупил Свой народ для Себя. В отличие
от Израиля, у этого искупленного народа есть Дух Божий,
пребывающий в нем, и Слово Божье, записанное в сердцах, поэтому отныне искупленные христиане способны

повиноваться Божьему Слову (Иез. 36:26–27). Теперь Божий народ способен слышать Его Слово, провозглашаемое служителями, которых Он поставил на это служение, и откликаться на него в повиновении. Жизнь церкви зависит от проповеди Божьего Слова.

В день Пятидесятницы Святой Дух сошел в Своем могуществе на Божьих посланников (Деян. 2:1–4). Как следствие излияния Духа родилась церковь, и мы видим, как Божий план по построению Его Царства осуществился во всей полноте. Божий вестник апостол Петр в своей проповеди Евангелия (Деян. 2:14–36) призвал слушателей откликнуться на Божье Слово об Иисусе (Деян. 2:37–40). Тогда многие из народа откликнулись на эту проповедь с покаянием, верой и желанием креститься (Деяния 2:41–42). Апостольская проповедь Слова Божьего в силе Святого Духа была средством, с помощью которого Бог созидал Свою церковь.

В дальнейшем апостолы передали эстафету проповеди Евангелия следующему поколению, и установленная апостолами модель продолжилась. Пасторы поместных церквей продолжают проповедовать апостольское свидетельство Божьему народу, чтобы Его последователи утверждались, возрастали в Слове и были духовно здоровыми. Послания Павла к Тимофею и Титу указывают на важность служения Слова. Павел увещевает Тимофея беречь добрый залог Евангелия и здравое учение Слова Божьего, поскольку оно было доверено ему. В предыдущей главе мы уже отмечали, что ключевой способ хранения этого залога — это проповедь Слова: «Итак, заклинаю тебя пред Богом и Господом нашим Иисусом Христом, Который будет судить живых и мертвых, явлением Его и Царством Его: проповедуй слово, настой вовремя и не вовремя, обличай, запрещай, увещай со всяким долготерпением и назиданием» (2 Тим. 4:1–2).

Кульминацией Божьего замысла строить Его Царство искупленных людей на протяжении веков является этот строгий наказ: «Проповедуй слово». Павел объясняет, как, когда и почему пастор должен проповедовать Слово. Он подчеркивает, что заниматься этим делом должен одаренный пастырь, призванный Господом Иисусом Христом, причем с терпением и назиданием. Пасторам дано поручение заботиться о человеческих душах, и за это они дадут отчет (Евр. 13:17). Апостолы знали, что здесь многое поставлено на карту. Они серьезно воспринимали обязанность учить и готовить новое поколение пасторов, которым надлежало принять от них эстафету. Павел обращается к своему ученику Тимофею, подчеркивая важность приверженности истине и обучения паствы:

> *Доколе не приду, занимайся чтением, наставлением, учением. Не пренебрегай пребывающим в тебе дарованием, которое дано тебе по пророчеству с возложением рук священства.*
>
> *Об этом заботься, в этом пребывай, чтобы успех твой для всех был очевиден. Вникай в себя и в учение, занимайся этим постоянно; ибо, так поступая, и себя спасешь, и слушающих тебя.*
>
> 1 Тимофею 4:13–16

Это поручение в некотором смысле применимо ко всем верующим. Но особенно оно касается исполненных Духом одаренных служителей, которые отвечают требованиям, выдвигаемым к пасторам согласно 1 Тимофею 3:1–7. Эти люди призваны проповедовать Слово тем, кто находится под их духовной опекой, жить в соответствии с проповедуемым Словом и призывать других откликаться на Евангелие.

И хотя изменились времена, поменялась культура, один факт остается неизменным: сегодня Божья церковь созидается по тем же правилам, что и тогда. В Пастырских посланиях подробно описано, как следует проповедовать и как правильная проповедь созидает церковь. Пасторы должны изучать библейские тексты и готовить самих себя, чтобы услышать Божье Слово. Пастор сначала сам усваивает это Слово, а затем проповедует его людям под водительством Духа, призывая свою паству быть послушной проповедуемому Слову. Это не обычная человеческая деятельность; это особый вид духовной взаимосвязи, которую Сам Бог установил между пастором и церковной общиной. И подготовка к проповеди является ее существенным компонентом. Ее просто не будет, если пастор будет читать чужие конспекты с кафедры или пренебрегать подготовкой к проповеди. Работа с собственным сердцем также имеет непреходящее значение, и она стоит вложенного времени, поскольку приносит духовные плоды.

Как пасти Божье стадо через проповедь

Проповедник может произносить несколько видов проповедей: доктринальные, то есть раскрывающие определенные доктрины, такие как избрание, грех, стойкость святых, Писание, экклезиология и эсхатология; евангелизационные, в которых возвещается Евангелие и которые призывают необращенных уверовать во Христа; и тематические, касающиеся определенной темы или конкретной нужды общины. Ни один из перечисленных видов проповедей нельзя назвать однозначно неприемлемым. Каждый из них является уместным в определенный момент. Однако для того, чтобы последовательно знакомить Божий народ со Словом Божьим, чтобы верно и точно доносить его до аудитории, лучше всего использовать *разъяснительную* (экспозиционную) проповедь.

Разъяснительная проповедь вытекает из текста Писания и полностью строится не на идее, учении, событии или теме, а именно на тексте. Чтобы лучше это понять, представьте пирамиду из строительных блоков, где нижний, основополагающий блок — это текст Писания. При построении разъяснительной проповеди все остальные строительные блоки, составляющие проповедь, стоят на этом фундаменте. Разъяснительная проповедь наиболее эффективна, когда пастор проповедует по тексту отрывок за отрывком на разные книги Библии.

Я бы хотел привести три причины, почему полагаю, что разъяснительная проповедь — самый полезный и верный способ, с помощью которого пастор может обеспечивать регулярную и стабильную духовную пищу для своей паствы:

1. Разъяснительные проповеди утверждают авторитет, силу и достаточность Писания. Как я уже упоминал в предыдущей главе, пастору, проповедующему экспозиционно, не удастся избежать трудных отрывков. Когда я проповедовал своей поместной церкви на Вторую Книгу Царств, мне пришлось на одной неделе проповедовать о прелюбодеянии и убийстве, совершенном Давидом, а на следующей — об изнасилованиях, кровосмешении и убийствах, случившихся у детей Давида. Если бы я сам случайно выбирал себе тексты для проповеди, я бы никогда не выбрал такие тексты по своей воле. Тем не менее наша аудитория обязана услышать, что Бог говорит через эти отрывки, а мы, пасторы, должны разобрать эти тексты, чтобы понять, чему Бог хочет нас научить. Проповедуйте на трудные стихи. Если прихожане увидят, что вы не боитесь разбирать сложные отрывки и проповедовать на них, то и сами они, несомненно, тоже станут их меньше бояться.

2. Разъяснительные проповеди помогают нашим слушателям научиться, как читать Библию надлежащим образом. Благодаря этому подходу и проповедник, и его слушатели смогут лучше понять смысл каждой книги или раздела Писания. Я всегда поражаюсь тому, насколько лучше понимаю замысел автора после того, как проповедовал по всей его книге и проследил все естественное течение его аргументации или повествования. Например, когда я проповедовал о прелюбодеянии Давида, я заметил, как это событие связано с тем, что Давид взял вторую жену еще в Первой Книге Царств. Причем я прочитал об этом не в комментарии, а когда просто следовал за развитием сюжетной линии, последовательно проповедуя на всю книгу. Трудно увидеть подобные связи, если пастор не проводит время, еженедельно и непрерывно изучая библейский текст во всей его полноте.

3. Разъяснительные проповеди помогают пастору сосредоточиться на проповеди Божьих слов, а не человеческих. Разъяснительные проповеди на целые книги Библии обеспечивают плодотворное и стабильное питание для церкви. Этот вид проповеди также учит слушателей читать Библию. Когда мы берем на себя обязательство проповедовать по книгам Библии, не пытаясь выбрать, что почитать и на что проповедовать, мы учим свою церковь делать то же самое самостоятельно.

Проповедуйте свое

Далеко не каждый пастор поддается искушению произносить чужие проповеди. И все же большинство проповедников полагается на мнения, взгляды и научную мудрость других людей, которые можно найти в комментариях, словарях и богословских трудах. Давайте посмотрим правде в глаза: мы живем в благословенное время! Сегодня мы легко можем прочитать мысли самых выдающихся богословских умов истории и узнать их мнение по поводу практически любого библейского текста. Имея доступ к трудам этих исследователей, мы сталкиваемся с искушением полагаться на мысли и прозрения других, прежде чем сформулируем свои собственные мысли об отрывке. Как здесь сохранить баланс? Когда проповедник должен советоваться с учеными мужами, а когда — руководствоваться своими собственными соображениями?

Слова английского пастора XIX века Эндрю Фуллера настолько же актуальны в наши дни, когда у нас есть доступ ко всевозможным комментариям, как и в его время, когда ресурсы были довольно скудными.

В своем письме, обращенном к молодому пастору, Фуллер писал так:

> *Сам я придерживался такого метода: сначала внимательно перечитывал текст и по мере чтения записывал то, что с первого взгляда казалось мне его основным значением. После того, как мои записи постепенно превращались в нечто похожее на план изучаемого текста, я обращался к лучшим экспертам, которых смог найти, и, сравнив свои первоначальные мысли с их взглядами, мог лучше судить о том, насколько*

верными были мои размышления. Некоторые из них находили свое подтверждение, некоторые приходилось подправлять, а многие — дополнять... Но, если бы я начал с обращения к авторитету толкователей, я бы лишил сам себя возможности самому прийти к тем или иным выводам[7].

Братья служители, мы должны быть благодарны за обилие доступных нам комментариев и богословских трудов. Не пренебрегайте ими! Пусть они подтверждают и даже исправляют ваши собственные мысли *после* того, как вы проведете собственное исследование. Но не стоит слишком полагаться на них. У занятых пасторов часто возникает искушение пойти по пути наименьшего сопротивления и проповедовать чужие мысли вместо того, чтобы самостоятельно проделывать тяжелую работу и позволять Духу живого Бога переработать этот текст внутри нас, чтобы затем это усвоенное Слово могло проговорить конкретно к нашей пастве. Настоящая, библейская, исполненная Духом проповедь произносится тогда, когда библейский текст оказывает на проповедника глубокое воздействие. И сегодня эта проблема столь же насущна, как и во времена Фуллера.

В проповеди учитывайте свою аудиторию

Задача проповедника — не просто донести до слушателя Слово; это еще и тщательное и мудрое применение этого Слова в жизни людей, вверенных попечению служителя. Готовясь проповедовать Божье Слово, вы должны думать о том, кому вы будете проповедовать. Подумайте

---

[7] Joseph Belcher, ed., *The Complete Works of the Rev. Andrew Fuller with a Memoir of His Life by Andrew Gunton Fuller* (1845; repr., Harrisonburg, VA: Sprinkle, 1988), 3:201.

о трудностях, с которыми они сталкиваются, о насущных вызовах в их жизни. Как Божье Слово из этого текста может послужить им благодатью? Задавайтесь, например, такими вопросами: «Как эта истина связана с браком Александра? Какое отношение этот атрибут Бога имеет к боли, которую испытывает Маргарита после утраты мужа? Как этот отрывок из Библии поможет Саре быть более попечительной о своем доме, как этот текст поможет Марку разобраться в отношениях с начальником, у которого непростой характер? Как эти слова явят благодать Марии, которая только что узнала, что у нее рак?» Пастор всегда должен иметь перед собой примеры конкретных людей, которые помогут ему применить истину Божьего Слова непосредственно к каждой уникальной ситуации в общине.

Еще один способ проявить внимание и чуткость к аудитории — подумать о продолжительности проповеди. В Библии нет четких указаний насчет того, *сколько времени* она должна длиться. Поэтому ее продолжительность должна определяться несколькими факторами, которые в значительной степени зависят от культурного контекста и духовных потребностей вашей аудитории. Во-первых, учитывайте духовную зрелость слушателей. Оцените, где они находятся на самом деле, а не где, по вашему мнению, они должны находиться. Всегда полезно призывать к росту, но я много слышал о пасторах, которые произносят слишком длинную проповедь, прекрасно зная, что для большинства прихожан она пролетает мимо ушей. Причина подобной перегрузки в том, что такой служитель пытается подогнать слушателей под свои стандарты, делает все, чтобы они сами «дотягивались» до соответствующего уровня и хорошо воспринимали любую проповедь в соответствии с *его мнением* о ее продолжительности. Несомненно, поощрять общину к росту — дело важное, но не нужно раздражать слушателей и убивать их любовь к Слову, читая длинные проповеди, которые они просто не смогут выдержать. Пусть Сам Бог делает Свою работу. Проповедуйте верно, но обращайтесь к людям на том уровне, на котором они находятся. Позвольте Богу довести их до того уровня, которого им надлежит достигнуть. Ваша проповедь должна побуждать их стремиться узнать больше, а не желать ее скорейшего окончания.

Продолжительность проповеди должна основываться на ваших собственных способностях и мастерстве. Признайтесь себе честно: насколько вы интересный и опытный проповедник? Я провожу немало времени с пасторами, любящими читать произведения пуритан. Иногда, когда читаешь, как пуритане произносили часовые, а иногда и двухчасовые проповеди, возникает искушение подумать: *«Я тоже хочу быть похожим на пуритан»*. Жестокая правда жизни заключается в том, что многие из тех, кто желает проповедовать целый час, не имеют достаточно навыков или опыта, чтобы проповедовать целый час. Каждый пастор должен честно оценить свою собственную проповедь. Если вам трудно это сделать, обратитесь за советом к тем, кому вы доверяете. Спросите у жены. Спросите у друга или коллеги-служителя. Будьте готовы выслушать их честный отзыв и советы, в чем вам следует расти и чему стоит учиться. Если вы проповедуете в церкви лишь первый год, ваши проповеди, вероятно, должны быть короче и проще, чем вы думаете.

Я уже кратко упоминал об этом выше и еще раз подчеркну: побуждать паству к большему, а не к меньшему — весьма похвально. Каждый проповедник, наверное, бывал в такой ситуации, когда внимание аудитории уже теряется, а осталось еще как минимум десять минут проповеди. Не бойтесь уделять проповеди достаточно времени, но постарайтесь сделать так, чтобы в ее конце слушатели хотели большего. Я бы предпочел закончить проповедь так, чтобы аудитория желала прийти в следующий раз, чем перегрузить слушателей обилием информации до такой степени, что их самым заветным желанием станет побыстрее покинуть помещение церкви. Когда кто-то хочет выпить стакан воды, эту жажду, конечно, можно утолить и с помощью пожарного шланга. Но вряд ли этот опыт будет приятным, и повторить его, скорее всего, не захочется.

Помните, что вы не просто передатчик голосовых сообщений. Вы пастырь Божьего народа. Думайте как пастырь. Подталкивайте своих людей к росту, но делайте это с умом. Воспитывайте их, обращаясь к ним на том уровне, на котором они находятся. И верьте, что Бог использует Свое Слово и ваши усилия, чтобы найти тот баланс, который будет способствовать их росту.

Проповедуйте с оглядкой на себя самого

В 1 Тимофею 4:16 апостол Павел призывает Тимофея: «Вникай в себя и в учение». Проповедник Божьего Слова не сможет оказать серьезного воздействия на свою паству, если сам не был глубоко затронут проповедуемым Словом. Это хорошо понимал английский пастор XIX века Арчибальд Браун, когда обращался к своей общине:

> *О, братья и сестры, как бы я хотел, чтобы слова мои были обращены к вам, как от Господа! Я лишь желаю, чтобы этот текст пылал огнем перед вашими глазами, как он пылал перед моими. Как бы я хотел, чтобы вы осознали его великую силу*

так же, как я ощущал ее в моем собственном сердце до того, как пришел сюда. О, как бы я хотел, чтобы он встряхнул вас и избавил некоторых из вас от эгоизма, от мирской суеты, от потворства похотям мира сего![8]

Слова Брауна затрагивают важный элемент по-настоящему сильной проповеди: *проповедник сам должен пережить глубокое потрясение от Слова, которое он собирается проповедовать с кафедры.* Прежде чем он сможет убедить грешника обратиться ко Христу, он должен убедиться в этом сам. Прежде чем проповедник сможет убедить братьев и сестер во Христе довериться Божьим обетованиям, он должен сам поверить в них. Пасторы не могут пережить преображения *от* Слова, если они сами не пребывают *в* нем, готовясь к проповеди. Очень важно, чтобы каждый пастор, проповедующий Божье Слово, убедился, что это Слово является частью его самого и он действительно верит в то, что приготовился сказать в проповеди. Подобная подготовка сердца придаст его проповеди серьезность, которая приходит только благодаря встрече с Богом и переживанию Его помощи.

Помощь же приходит только через действие Святого Духа. Прежде всего, пастор должен осознать: без действия Духа он не способен проповедовать верно и как власть имеющий. Выходя за кафедру, многие пасторы, обладающие даром красноречия, подвергаются искушению полагаться на свои собственные дары и способности. Но каждый пастор, независимо от своих даров и способностей, должен понимать, что сила в его проповеди исходит от правильного обращения со

---

[8]   Iain H. Murray, *Archibald G. Brown: Spurgeon's Successor* (Edinburgh: Banner of Truth, 2011), 361.

Словом Божьим под водительством Святого Духа. В своем метком высказывании А. В. Тозер вскрывает огромную проблему современного поверхностного подхода к проповеди в попытке сделать ее уместной для современного общества:

> *Возможно, я вас шокирую, но осмелюсь заметить, что способный от природы человек может заниматься религиозной деятельностью без особого дара от Бога. Каждую неделю за церковными кафедрами стоят люди, которые пользуются лишь природными способностями и специальной подготовкой. Среди них есть даже известные толкователи Библии, ведь можно легко прочесть и изучить комментарий на какой-то текст, а потом пересказать его и повторить в проповеди. Скажу еще раз: возможно, это вас шокирует, но любой человек, способный бегло говорить, может научиться использовать религиозные фразы и стать признанным проповедником.*

Но тот, кто намерен проповедовать так, чтобы его труд и служение устояли в судный день, должен проповедовать, учить и увещевать с такой любовью и заботой, которую невозможно обрести, пока Святой Дух не дарует ее. И это то, что выходит за пределы человеческих способностей[9].

Интеллект, дары, подготовка и ораторские способности пастора — настоящее подспорье в деле проповеди, но не они делают его сильным, исполненным Духом проповедником. Сильная проповедь приходит через действие Духа вследствие того, что Бог пробуждает сердце самого пастора, а любовь к Божьему народу и душам прихожан церкви становится его самым главным бременем.

---

[9]   A. W. Tozer, *Tragedy in the Church: The Missing Gifts* (Chicago: Moody, 2007), 22.

Современным пасторам следовало бы прислушаться к повелению Павла вникать «в себя и в учение» и усердно готовиться к проповеди, тщательно изучая библейский текст. Это значит не только думать о том, как лучше донести до людей свою мысль, но и обращаться с этой проповедью к собственному сердцу. Величайшим преимуществом пастора при проповеди Слова является не остроумие или острословие, а смиренное и покаянное сердце перед Господом, полагающееся на действие в нем Святого Духа.

Заключение

Для созидания Своей церкви и Своего Царства Бог употребляет особо поставленных Им посланников, возвещающих Божье Слово. Именно так зародилась церковь, и именно так Бог будет продолжать строить современную церковь, чтобы явить Свою славу. Бог созидает Свою церковь посредством Духа Своего, вдыхая в нее жизнь через проповедь Своего животворного Слова. Задача же пастора — с энтузиазмом проповедовать это Слово так, чтобы оно воздействовало на его собственный разум, сердце и душу на протяжении всей подготовки. Проповеднику надлежит подготовить Слово с учетом особенностей той самой уникальной группы людей, к которой он будет обращаться, и с целью сделать все возможное, чтобы это животворное Слово проделало свою работу в их жизни. Он должен провозглашать Божью весть, словно это вопрос жизни и смерти, рая и ада. Пасторы, поставьте себе цель: вплоть до возвращения Пастыреначальника сохранить вверенный вам добрый залог и передать его следующему поколению.

ГЛАВА 3

МОЛИТЬСЯ О ПАСТВЕ

Всякой молитвой и прошением молитесь во всякое время духом и старайтесь об этом самом со всяким постоянством и молением о всех святых… (Послание к Ефесянам 6:18).

Когда после нескольких лет служения помощником пастора в одной церкви я стал основным пастором в другой общине, мое служение и стиль жизни коренным образом изменились. Внезапно мой график стал очень загруженным, значительно более загруженным, чем он был до тех пор. Несомненно, я знал, к чему призван. Я знал, что мне следует делать. Но каждую неделю я видел, что необходимые дела постепенно вытесняются неотложными. Одной из важнейших задач — молитвой — я пренебрегал больше других. И думаю, что в этом я не одинок. Поддерживать молитвенную жизнь — пожалуй, самый трудный аспект пасторского служения. Молитва требует времени. Кроме того, молитва обычно наиболее плодотворна, когда она совершается в тихом месте, когда никто не перебивает и не отвлекает.

К сожалению, молитва не кричит, пытаясь привлечь к себе наше внимание. Соответственно, среди людей, желающих получить наше время, и срочных дел, требующих завершения, время в молитве зачастую оказывается на периферии нашего внимания.

Пастор знает, что должен проповедовать каждую неделю, независимо от своей занятости в течение этих семи дней. Проповедь нужно произнести в любом случае, и поэтому он выделяет время для выполнения этой задачи. Больные оказываются в больницах, и, как бы ни был занят пастор, их страдания обличают его совесть, и он, как правило, находит время, чтобы посетить больных. Когда внезапно настигает смерть, пастору необходимо подготовить траурное служение. В таких случаях он напрямую зависит от планов семьи усопшего и похоронного бюро. Встречи церковного руководства планируются заранее, и в расписании пастора они занимают приоритетное место. Кроме того, от пастора зависят другие люди, которые ждут от него совета и руководства. Всего этого нельзя сказать о молитве. Молитва, конечно, может лежать бременем у вас на совести, но она не будет жаловаться. Она может присутствовать в списке задач на день, но, если пастор не помолился о ком-то, тот человек, скорее всего, даже не узнает, что о нем забыли. Когда другие требования занимают наше внимание, молитва отходит на второй план. Многие пасторы, и я здесь не исключение, живут неделю за неделей, пока в конце концов этот мягкий, но необходимый голос, призывающий остановиться и помолиться, просто не затихает. По прошествии достаточного количества времени этот обличительный голос постепенно замолкает. И тогда молитва вытесняется из жизни. Как ни странно, пастор может быть настолько занят заботой о своей пастве, что может даже не найти несколько минут, чтобы помолиться о церкви.

Но так нельзя! Такое положение дел свидетельствует о недостатке веры и неправильных приоритетах. На самом деле, цель этой главы — сделать громче тихий голос, взывающий к вашей совести, тот самый голос, который вы часто игнорируете в суете дел служения. Я не ставлю цель пристыдить или с помощью манипуляций заставить вас молиться. Нет, я верю, что Божий Дух Сам через Свое Слово обличит вас и усилит в вас желание приходить к Нему в молитве. Я лишь надеюсь, что, выделив тему, которая красной нитью проходит через все Писание, я смогу сделать громче звук призыва к молитве. Ведь дело в том, что у вас есть уникальное призвание от Бога представлять перед Ним свою паству и ходатайствовать за нее, умоляя Бога действовать среди членов вашей церкви. Это тема, которая достигает своей кульминации в совершенном посредническом подвиге Иисуса Христа. Мы рассмотрим, почему всякий Божий слуга должен последовательно придерживаться этой библейской модели, а затем я хотел бы предложить несколько практических советов, которые, как я надеюсь, помогут вам более плодотворно молиться о своей пастве. С помощью этих инструментов вы сможете внести столь необходимую дисциплину в свою жизнь и служение, чтобы молитва заняла там надлежащее ей место.

Потребность в ходатае

Как я уже упоминал в первой главе этой книги, Бог сотворил мир, и все было «хорошо весьма» (Быт. 1–2). Но когда

Адам и Ева согрешили против Бога, когда грех вошел в мир (Быт. 3), все изменилось. Вследствие грехопадения нарушились отношения между Богом и творениями, созданными по Его образу и подобию. Однако у Бога был план примирить с Собой творение и освободить его от разделения, вызванного грехом. Бог неоднократно ставил отдельных вождей в Своем народе, чтобы они служили перед Ним ходатаями от имени народа. Ходатай — это посредник, который обращается к Богу с мольбой от имени других. Эта модель показывает Божий замысел относительно пасторского служения в поместной церкви. Но что еще более важно, эта модель раскрывает Евангелие: мы примиряемся с Богом через посреднический и ходатайственный подвиг Искупителя Иисуса Христа (когда Он представляет нас перед Богом и взывает к Нему от нашего имени).

Моисей от имени Израиля

Бог обещал Авраму, что от его потомства произойдет великий народ (Быт. 15). Бог был верен этому обещанию, и в назначенное Им время потомки Авраама в последующих поколениях размножились и образовали великий израильский народ. Одним из самых выдающихся вождей Божьего народа был Моисей, которого Бог назначил руководить Своим народом и выступать перед Ним от имени Израиля. Заступническая роль Моисея ярко проявилась после того, как он вывел народ из египетского рабства, а народ сделал себе золотого тельца и впал в идолопоклонство. Тогда Бог сильно разгневался:

> И сказал Господь Моисею: «Поспеши сойти отсюда, ибо развратился народ твой, который ты вывел из земли египетской;

скоро уклонились они от пути, который Я заповедал им: сделали себе литого тельца, и поклонились ему, и принесли ему жертвы, и сказали: "Вот бог твой, Израиль, который вывел тебя из земли египетской!"»

И сказал Господь Моисею: «Я вижу народ этот, и вот, народ он жестоковыйный. Итак, оставь Меня, да воспламенится гнев Мой на них, и истреблю их, и произведу многочисленный народ от тебя».

Но Моисей стал умолять Господа, Бога своего, и сказал: «Да не воспламеняется, Господи, гнев Твой на народ Твой, который Ты вывел из земли египетской силою великой и рукою крепкой, чтобы египтяне не говорили: "На погибель Он вывел их, чтобы убить их в горах и истребить их с лица земли". Отврати пламенный гнев Твой и отмени погубление народа Твоего; вспомни Авраама, Исаака и Израиля, рабов Твоих, которым клялся Ты Собой, говоря: "Умножая, умножу семя ваше, как звезды небесные, и всю землю эту, о которой Я сказал, дам семени вашему, и будут владеть ею вечно"». И отменил Господь зло, о котором сказал, что наведет его на народ Свой.

Исход 32:7–14

Бог только что чудесным образом избавил Свой народ, и как израильтяне выразили свою благодарность? Они начали поклоняться идолу, золотому тельцу. Неудивительно, что гнев Господа воспылал на них, и Он уже хотел было истребить народ (Исх. 32:10). И все же именно Моисей с дерзновением взывал к Господу от их имени, умоляя Бога смилостивиться над ними (ст. 11–13). По его молитвам Господь явил милость и не стал губить народ (ст. 14). Моисей ходатайствовал от имени Божьего народа, и Господь сжалился.

Однако Моисей не был ни совершенным лидером, ни совершенным посредником и ходатаем. Израиль по-прежнему был непослушен Господу, и это продолжалось на протяжении всей его истории. Но даже несмотря на неудачи, грехи и непослушание народа, Господь оставался верным Своему завету и стремился к общению со Своим народом через особых представителей-ходатаев.

Царь Давид, ходатай

Царь поставлен на царство, чтобы владычествовать над своим народом ради блага того самого народа. Бог поставил Давида царем над Своим избранным израильским народом. Но Давид был не просто царем, назначенным Богом. С ним Господь заключил особый завет — Давидов. Бог обещал, что от него произойдет особый потомок. И, согласно этому завету, грядущий Сын Давидов будет править в вечном царстве, престол которого утвердит Сам Господь (2 Цар. 7:12–16).

Царь Давид был поставлен Богом, чтобы вести за собой израильский народ. Ему надлежало обращаться к Богу от имени своего народа, с уверенностью в незыблемости обетований завета между Богом, Его избранным народом и израильским царем. Давид имел свои несовершенства. И даже несмотря на то, что он впал в тяжкий грех перед Господом (2 Цар. 11–12), Давид продемонстрировал верность в управлении Израилем и всегда молил Господа о благословении, присутствии и заботе о вверенном ему Богом народе.

Книга Псалмов полна примеров того, как царь Давид выступал в роли защитника народа — восхвалял Бога за Его доброту к израильтянам, умолял о прощении за их непослушание и просил защиты Господа от врагов. Вот один из примеров:

> *Господь — крепость моя и щит мой; на Него уповало сердце мое, и Он помог мне, и возрадовалось сердце мое; и я прославлю Его песней моей. Господь — крепость народа Своего и спасительная защита помазанника Своего. **Спаси народ Твой и благослови наследие Твое; паси их и возвышай их вовеки!** (Псалом 27:7–9).*

Давида никак нельзя назвать идеальным царем. Тем не менее он обладал характером и качествами, которые показывают, почему Бог избрал его и поставил на царство. Давид уповал на Господа. Он знал, что Господь защитит его и его народ. Давид был уверен, что его Бог властен над всеми врагами, и полагался на Господа в том, что Он укрепит и его самого, и весь народ. Давид знал, что Господь спасет Израиль и будет его Пастырем (Пс. 27:7–9). Именно по этой причине Давид и взывал к Господу о помощи, умоляя Его от имени народа спасти и избавить его (ст. 9). От имени народа Давид восхвалял Господа. Несмотря на свое несовершенство, Давид во многом был примером того, каким должен быть Божий царь и как ему надлежит представлять свой народ. Ведь Израиль ожидал пришествия того самого потомка Давида, которому суждено было воссесть и вечно царствовать на его престоле.

Иисус — наш Ходатай

Все несовершенные поставленные Богом вожди Израиля были лишь тенью совершенного Посредника, Ходатая, Пастыря, Который, придя, должен был примирить Божий народ с Богом и выступать перед Господом от его имени. Иисус Христос пришел как долгожданный Сын Давидов

(2 Цар. 7:12–16). Иисуса не зря признавали и называли Сыном Давидовым (Мф. 1:1; Лк. 1:32). Иисус оказался и более верным царем, чем Давид, и большим пророком, чем Моисей (Евр. 3:3). Иисус сделал то, чего не смог бы сделать ни один другой вождь Божьего народа: Он отдал Свою жизнь за людей. Отдав Свою совершенную жизнь в жертву, Иисус не только стал совершенным Посредником для Своего народа, но и, выступая от его имени, примирил его с Богом. Иисус — великий и совершенный Первосвященник, приход Которого предзнаменовали жертвы Ветхого Завета. Он — Ходатай лучшего «завета, который утвержден на лучших обетованиях» (Евр. 8:6).

Самая яркая картина посреднического ходатайственного служения Иисуса Своему народу видна в трогательной первосвященнической молитве, где Иисус молился о Своих учениках непосредственно перед крестной жертвой:

> *Я о них молю — не обо всем мире молю, но о тех, которых Ты дал Мне, потому что они Твои. И все Мое — Твое, и Твое — Мое; и Я прославился в них. Я уже не в мире, но они в мире, а Я к Тебе иду.* **Отче святой! Соблюди их во имя Твое**, *тех, которых Ты Мне дал, чтобы они были едины, как и Мы.*
>
> <…>
>
> *Не молю, чтобы Ты взял их из мира, но чтобы* **сохранил их от зла**. *Они не от мира, как и Я не от мира.* **Освяти их истиною Твоею!** *Слово Твое есть истина. Как Ты послал Меня в мир, так и Я послал их в мир. И за них Я посвящаю Себя, чтобы и они были освящены истиною.*
>
> *Иоанна 17:9–11; 15–19*

Эта великая молитва, произнесенная Иисусом во время мучительного ожидания креста, многое говорит об отношениях Иисуса с Отцом. Иисус способен обратиться к Отцу от имени Своих учеников так, как никто другой. Иисус пришел к Богу как равный Ему Сын и просил Его о том, чтобы сберечь их, защитить от лукавого и освятить в Своей истине.

В отличие от ходатаев былых времен, Иисус приходит к Отцу на равных, и просьбы Иисуса основаны на самой Его сущности, на Его жизни и жертве, которую Он был готов принести в течение нескольких часов после молитвы. Своей смертью на кресте и воскресением из мертвых Иисус искупил Свой народ собственной кровью. И теперь Он не только вправе нести народу весть от Бога и представлять Богу отклик людей. Теперь, благодаря Личности и подвигу Иисуса, людям открыт беспрепятственный, вечный доступ к Отцу. Таким образом, Иисус является Спасителем Своего народа, а также его совершенным Посредником и Ходатаем, как говорит об этом автор Послания к Евреям:

> *Но Христос, Первосвященник будущих благ, придя с большей и совершеннейшей скинией, нерукотворной, то есть не такового устроения, и не с кровью козлов и тельцов, но со Своею кровью, однажды вошел во святилище и приобрел вечное искупление. Ибо если кровь тельцов и козлов и пепел телицы через окропление освящает оскверненных, чтобы чисто было тело, то тем более кровь Христа, Который Духом Святым принес Себя, непорочного, Богу, очистит совесть нашу от мертвых дел, для служения Богу живому и истинному!*
>
> *И потому Он — Ходатай нового завета, чтобы вследствие смерти Его, бывшей для искупления от преступлений,*

сделанных в первом завете, призванные к вечному наследию получили обетованное.

Евреям 9:11–15

Поскольку теперь Иисус запечатлел вечное искупление для каждого последователя, данного Ему Отцом (Ин. 17:6), последователи Иисуса могут смело приходить к Отцу, ведь отныне между ними и Создателем нет больше разделения:

> *Итак, братья, имея дерзновение входить во святилище посредством крови Иисуса Христа, путем новым и живым, который Он вновь открыл нам через завесу, то есть плоть Свою, и имея великого Священника над домом Божиим, да приступаем с искренним сердцем, с полной верой, кроплением очистив сердца от порочной совести и омыв тело водой чистой.*
>
> *Евреям 10:19–22*

Иисус обращается к Отцу от имени Своих последователей, в результате чего Бог принимает их как Своих детей. Иисус выкупил для Своих последователей право предстать перед Отцом, которого достоин был лишь Он один. Жертва Иисуса раз и навсегда примирила с Богом Его народ, исполнив тем самым план искупления (Евр. 10:14). Как следствие, Бог усыновил взбунтовавшихся против Него грешников и мятежников и принял их как собственных детей через искупительную жертву и праведность Иисуса Христа. Эти купленные кровью верующие в Иисуса стали единым Телом Христовым — Церковью, в которой обитает Святой Дух.

Апостолы — ходатаи за Церковь

Иисус принес окончательное примирение между Богом и Его искупленным народом, поэтому церковь может самостоятельно обращаться к Богу, благодаря посреднической работе Иисуса Христа, воскресшего и вовеки живущего, чтобы ходатайствовать за них (Евр. 7:25). И все же, когда апостолы начали создавать раннюю церковь, из числа ее членов возникли лидеры, которые руководили Божьим народом и пасли его от имени Пастыреначальника (1 Пет. 5:4). Апостолы приняли призыв к молитвенному служению и посвятили себя молитве (Деян. 6:4), а затем в своих наставлениях к разным церквам обозначили суть этого служения. В наставлениях, данных церкви, Павел сам обращается к Богу через посредничество Христа и демонстрирует пример для подражания, чтобы назначенные Богом служители после него так же ходатайствовали перед Богом от имени церкви:

> *Всякой молитвой и прошением молитесь во всякое время духом и старайтесь об этом самом со всяким постоянством и молением о всех святых и обо мне, дабы мне дано было слово — устами моими открыто, с дерзновением возвещать тайну благовествования, для которого я исполняю посольство в узах, дабы я смело проповедовал, как мне должно.*
>
> *Ефесянам 6:18–20*

Павел просит членов церкви в Ефесе во всякое время и при любой возможности молиться. И за народ Господень, и за самого Павла и его дело благовествования. Павел написал эти слова, зная, что в церкви есть верные пасторы (пресвитеры) (Деян. 20:17–38), которые могли бы показать пастве в Ефесе, как правильно молиться (1 Пет. 5:3).

Иаков пишет христианам, увещевая их призывать своих пасторов (пресвитеров) молиться от их имени:

> *Страдает ли кто из вас, пусть молится. Весел ли кто, пусть поет псалмы. Болен ли кто из вас, пусть призовет пресвитеров церкви, и пусть помолятся над ним, помазав его елеем во имя Господне. И молитва веры исцелит больного, и восставит его Господь; и если он соделал грехи, простятся ему. Признавайтесь друг перед другом в проступках и молитесь друг за друга, чтобы исцелиться: много может усиленная молитва праведного.*

Иакова 5:13–16

Иаков призывает больных обращаться к поставленным над ними пастырям с просьбой молиться о них. В этих примерах мы видим, что по мере становления церкви происходит переход от апостольской ходатайственной молитвы за церкви к молитвенному служению самих церквей. Это служение занимает центральное место, а ведущую роль в нем играют руководители церкви — пасторы.

Пасторы — ходатаи за свою паству

Божий план искупления и установленный Им порядок действий привели к созданию церкви, где, благодаря Евангелию Иисуса Христа, люди всех племен, языков, народов и стран переживают настоящее преображение. Искупленный народ объединяется в поместную церковь под руководством библейски квалифицированных служителей, которые пасут ее души от имени Пастыреначальника, всегда ходатайствующего за них. Пастыри, пасущие церковь от Его имени (1 Пет. 5:1–4), неусыпно пекутся о душах искупленных последователей Христа (Евр. 13:17). Они призваны также молиться за каждую душу, вверенную их попечению. Важный аспект пастырства Божьего народа — совместная молитва и ходатайство о народе перед Отцом. Молитвенное служение обеспечивает служение Божьего Духа и оснащает все Тело Христово для послушания библейским заповедям.

Такой порядок изначально был задуман Богом как часть Его искупительного замысла. Бог ставит служителей и призывает их к ходатайственному служению — представлять перед Богом нужды Его народа. Благодаря работе Христа, каждый верующий имеет теперь полный доступ к Божьему престолу. Совершенно не обязательно, что молитвы пастора лучше или эффективнее молитв других людей. Однако у пасторов есть Богом данная обязанность — усердно вопиять к Нему от имени своего народа. Их призвание ясно, но источник всего — Божья благодать. Молитва за паству — это лишь одна из составляющих служения верного пастыря.

Молитва о пастве

Большинство пасторов согласятся с тем, что это важно. Здесь нет никаких противоречий. Мы знаем, что один из главных аспектов верного служения пастыря от имени Пастыреначальника — это регулярная молитва за членов общины. Однако большинство из нас этого не делает. А если кто и делает, то уделяет молитве минимум времени и внимания. Я еще не встречал пастора, который бы чувствовал, что молится слишком много. Пасторы в большинстве своем хотят расти в этой области, научиться быть более верными в регулярной молитве за свои паствы. С учетом всего вышесказанного я бы хотел предложить несколько полезных советов, которые помогут вам выработать, закрепить эту привычку и практиковать ее более добросовестно.

Молитесь целенаправленно

Призвание пасторов — пасти стадо, и Писание говорит нам, что мы дадим отчет за каждую душу, находящуюся под нашей опекой (Евр. 13:17). И все же у нас есть склонность тяготеть либо к тем, с кем нам нравится проводить время, либо к тем, кто больше всех шумит и требует нашего внимания. Из-за этого мы совершенно непреднамеренно упускаем из виду некоторых членов церкви.

Еще в самом начале своего пасторского служения я заметил, что такое происходит и со мной. Тогда я разработал систему, благодаря которой целенаправленно напоминал себе о необходимости молиться за свою церковь. Она стала эффективным и простым средством, которое помогло заботиться об общине и сократить вероятность того, что кто-то непреднамеренно будет упущен. Я создал себе молитвенную памятку. Это книжечка, в которой каждый член церкви отмечен в алфавитном порядке. Весь список имен разделен на двадцать восемь дней. Этот молитвенный календарь представляет собой первые двадцать восемь дней каждого месяца. В первый день я молюсь о четырех-пяти людях или членах семьи. После молитвы о них я стараюсь в тот же день установить с ними личный контакт — посетить их дома, или отправить письмо по электронной почте, или открытку, написанную от руки, или позвонить по телефону, или отправить текстовое сообщение, чтобы сообщить им, что я молился о них. Во время такого личного контакта я спрашиваю у них, могу ли я чем-то помочь. Тем, с кем я в последнее время не виделся лично, я звоню по телефону или назначаю личную встречу, чтобы лучше узнать, как у них идут дела.

Эти действия я повторяю и на второй день, затем на третий, и так до двадцать восьмого дня. Проявив верность и последовательность в этом деле (идеально это у меня никогда не получалось), за двадцать восемь дней я могу помолиться обо всех, кто вверен моему попечению, и лично связаться с ними. В оставшиеся дни месяца я молюсь о миссионерах и других служителях, посланных на служение от нашей церкви, и связываюсь с ними. Такая система настолько показала свою плодотворность в поддержании связи с членами церкви, что я призвал воспользоваться ею и других пасторов. Со временем мы опубликовали такую же памятку для членов церкви и призвали их начать молиться друг за друга. Несколько наших членов приняли эту модель и общаются с теми, за кого они молятся в течение дня. В результате мы заметили удивительные плоды! Просто замечательно видеть, как члены церкви серьезно относятся к молитве, молятся о нуждах друг друга и принимают священство всех верующих (1 Пет. 2:9).

На одном женском выезде дорогая сестра из церкви предложила идею: взять нашу памятку и создать из этих карточек своего рода перекидной молитвенный календарь. Каждое утро, перевернув листок этого календаря, можно увидеть список членов церкви, о которых нужно молиться в этот день. Мы сделали то же самое в нашей семье, и теперь наши дети каждый день старательно молятся за тех, кто перечислен в списке на этот день. Они даже спорят между собой, кому будет позволено перевернуть листок. Я очень ценю это, и меня переполняет чувство благодарности за то, что в нашей церкви молятся друг за друга. А ведь секрет оказался прост: предложить понятный и осознанный метод молитвы. Возможно, пока мы не встретимся с Господом, мы так и не узнаем всех благословений, которые пришли благодаря этой молитвенной памятке. Она помогает пасторам убедиться, что мы сознательно молимся за каждую душу в нашей церкви.

Некоторые пасторы, услышав, как я рассказываю об этом опыте, задают мне вопрос: «Возможно ли такое в большой церкви?» Я честно признаю, что одному пастору в большой церкви это сделать не удастся. Но в большой церкви должны быть и другие люди, которые тоже должны участвовать в пастырском попечении и молитвенном служении. После того, как я побывал пастором в двух разных церквях, каждая из которых насчитывала более 1500 членов, я убедился, что даже в большой церкви пасторы и другие служители вполне могут заботиться обо всех членах церкви, знать их и молиться за них индивидуально. Поддерживать контакт с каждым членом церкви в той или иной форме возможно каждый месяц; но это требует мудрости и творческого подхода. В больших собраниях подход с памяткой на двадцать восемь дней можно использовать в соотношении 1 к 100, то есть один пастор (пресвитер, служитель) может быть ответственным за молитву о ста членах церкви. Это, в свою очередь, означает, что в день нужно молиться и контактировать менее чем с пятью людьми или семьями. Для церкви из пятисот членов нужно только пять служителей, готовых уделять этому около тридцати минут в день. А если в церкви полторы тысячи членов, то для молитвы и непосредственного контакта со всеми членами церкви нужно, чтобы было пятнадцать ответственных служителей.

Помните, что независимо от того, насколько мала или велика ваша церковь, нужно прилагать целенаправленные усилия, они не происходят сами собой. На самом деле, возможно, чтобы эта система работала, вам придется изменить структуру и распорядок работы сотрудников и служителей церкви. Но если вы возьмете на себя обязательство по-пастырски опекать каждого члена церкви и молиться за него, я гарантирую, что вас будет переполнять радость, а члены вашей общины будут чувствовать неусыпную заботу со стороны своих пасторов (Евр. 13:17).

Молитесь вместе с членами церкви

Я из личного опыта знаю, что тихий голос, призывающий пасторов молиться за свою паству, становится громче, когда в этот процесс вовлечены другие люди, которым вы подотчетны. С радостью признаю, что если бы я не был подотчетен другим пасторам, то еще больше ослабел бы в этом деле и позволил бы другим неотложным задачам моего служения вытеснить молитву. Я рекомендую ежемесячно, а то и еженедельно собираться вместе с другими пасторами, дьяконами или другими служителями церкви, чтобы молиться за паству. Выделите время, чтобы собираться исключительно для молитвы о нуждах людей. Никаких других вопросов для обсуждения, только молитва. Можно начать с небольшой утренней встречи на 20–30 минут перед работой или учебой. Выберите удобное для всех время и призовите служителей церкви и всех остальных членов церкви сделать эту встречу приоритетной. Очень скоро вы увидите, кто действительно горит желанием поучаствовать в совместной молитве.

Еще один важный способ содействовать совместной молитве за паству — использовать для этого уже запланированные встречи. Уделите молитве первые десять-пятнадцать минут собрания. Это могут быть пасторские или дьяконские встречи, малые группы, собрания пасторов-стажеров, собрания штатных работников церкви и руководителей церковных отделов. Все это — прекрасные возможности для молитвы. Не ограничивайтесь одной лишь вступительной молитвой на несколько минут. Пригласите к молитве других участников встречи, молитесь о конкретных нуждах и посвящайте значительное время ходатайственной молитве о церкви.

В нашей церкви служители собираются на ежемесячную пасторскую встречу во второй половине дня в воскресенье. Она длится четыре часа, и половину этого времени мы уделяем тому, чтобы пройти памятку (о которой говорилось выше) и помолиться за каждого человека из списка. У нас всегда есть церковные вопросы, которые необходимо обсудить, и всегда есть искушение использовать часть этого драгоценного времени собрания для решения насущных задач. Но я благодарен за то, что у меня есть подотчетность другим пасторам, которые не позволяют мне изъять это время. Они разделяют вместе со мной то же бремя молитвы о нашей пастве и целенаправленно уделяют этому время.

Молитесь на публике

Большинство христианских церквей отводят время для молитвы на общих собраниях. Но, к сожалению, многие из этих «публичных» молитв носят слишком обобщенный характер или сосредоточены на нуждах за пределами поместной церкви. В других случаях публичные молитвы сводятся к бесконечным просьбам о помощи в весьма поверхностных нуждах. Общее богослужение, вероятно, не самое лучшее время для молитвы о выздоровлении собаки тети Милы — особенно если тетя Мила даже не член вашей церкви! Когда пасторы пренебрегают молитвой о реальных и насущных нуждах членов церкви во время основного богослужения, они упускают огромную возможность показать членам церкви, как они должны молиться друг за друга.

Пасторская молитва во время богослужения — прекрасная возможность помолиться об этих конкретных нуждах. Это время молитвы за *конкретных* людей в церкви, особенно за тех, кто болен и страдает. Уместно также во время этой молитвы обращаться к Богу с ходатайством о недавно созданных брачных союзах, о проблемах, связанных с воспитанием детей, о борьбе с грехом, росте в ученичестве, возможностях для благовестия, мудрости для служителей церкви, благословении и силе для тех, кто отправляется на служение или миссионерскую работу. Также публичная молитва об этих нуждах информирует членов о том, что происходит в жизни церкви. Она позволяет пасторам продемонстрировать, как духовно воспринимать эти вопросы и как можно также молиться об этих нуждах. Озвучиваемые молитвенные нужды следует выбирать с умом и осторожностью, и, возможно, в определенных обстоятельствах вам придется сначала получить разрешение. Конечно же, эти нужды — далеко не все, о чем стоит молиться во время публичных богослужений. Но все, о чем молятся публично, в церкви воспринимают как нечто важное и ценное, и в долгосрочной перспективе это может привести к тому, что совместная молитва станет общим церковным молитвенным служением.

Кроме того, полезно молиться за благовестие как вашей церковной общины (Кол. 4:3), так и за евангелизационные усилия других поместных церквей (Еф. 1:15–16), а также за благовестие миссионеров, поддерживаемых церковью (1 Кор. 16:9). Это не только возносит к Богу нужды общины и церковных миссионерских проектов, но также информирует членов церкви и показывает им пример, как молиться за других. Кроме того, это способно укрепить членов церкви в понимании того, что Господь может употребить их, чтобы донести Евангелие до других. Эти публичные молитвы могут мотивировать паству участвовать в деле Царства, будучи солью и светом в этом мире. Молящийся об этом пастор укрепит руки членов своей общины, когда они выйдут в мир, чтобы нести Евангелие другим.

Заключение

Христианским пасторам дарован великий дар — возможность ходатайствовать о нуждах своей паствы, благодаря посредничеству Иисуса и присутствию Святого Духа. Не нам, пасторам, выпала доля быть ходатаем, через посредническую миссию которого наши члены церкви примиряются с Богом. Этот подвиг способен совершить лишь один Иисус

Христос, и Он его совершил, раз и навсегда примирив нас с Богом Своей смертью и воскресением. Сейчас Иисус правит на небе, сидя по правую руку от Бога и ходатайствуя за всех, кто доверился Христу и преобразился под воздействием Евангелия. Наше призвание — быть верными распорядителями этого ходатайственного служения. Среди прочих обязанностей нашего пастырского служения — приносить нужды Божьего народа к ногам Пастыреначальника. Неужели есть что-то лучшее в попечении о Божьей пастве, чем обращаться к Небесному Отцу и просить за нее во имя Иисуса?

Откликнитесь на тихий голос, который звучит в вашем сердце и призывает вас молиться. Целенаправленно прилагайте осознанные усилия, которые помогут вам систематически и ежедневно молиться за всех людей в вашей церкви. Привлекайте к этой работе других служителей и радуйтесь вместе, что у вас есть неограниченный доступ к Богу благодаря совершенной посреднической работе нашего Искупителя.

ЧАСТЬ 2

ФОКУС ВНИМАНИЯ

ГЛАВА 4

БЫТЬ ОБРАЗЦОМ

Никто да не пренебрегает юностью твоей; но будь образцом для верных в слове, в житии, в любви, в духе, в вере, в чистоте (1 Послание к Тимофею 4:12).

Я был служителем в штате нескольких поместных церквей и на протяжении многих лет видел различные модели пасторского руководства. В одной церкви пастор действовал в стиле генерального директора. Он никогда не посещал больных и вдов. Он не писал проповедей, за него это каждую неделю делали два помощника. Это были специально нанятые штатные сотрудники с соответствующим образованием. К сожалению, у него не было никакой подотчетности перед другими служителями. Я сразу понял, что он не является для меня примером для подражания. Другие сотрудники были очарованы его стилем руководства и стремились быть похожими на него. Они считали, что он достиг вершины успеха как пастор, и хотели, чтобы и у них было то, что было у него.

К счастью, на меня в то время стал оказывать влияние пастор из другой церкви. Он встретился со мной и показал библейский взгляд на пасторское служение. Он научил меня сути пасторского служения и конкретным функциям пастора. От него я узнал, что Библия говорит о поместной церкви и как добиваться, чтобы церковь была по-настоящему здоровой. Он показал мне, что у Бога есть план для Своих пастырей и для Своей церкви. Он также напомнил мне о необходимости обратить пристальное внимание на свою собственную жизнь. В течение нескольких лет я находился в парадоксальной ситуации. Будучи штатным сотрудником своей церкви, я видел яркий пример пасторского руководства, но не мог восхищаться этим примером. В то же время извне я узнавал о радикально иной модели пасторского служения и его сущности. Я понял, что оказался на перепутье. Выбор, который я сделал тогда, определил все мое будущее призвание.

Примеры, которые мы видим перед своими глазами, могут оказать огромное влияние на наше мышление и саму жизнь. Какими бы ни были эти примеры, позитивными или негативными, они формируют в нас то, какими мы станем в конечном счете. Это применимо и к родителям, воспитывающим детей, и к начальникам и их стилю обращения со своими подчиненными, и к пасторам и служителям в церкви, призванным пасти Божий народ. Именно это и стало одной из причин, по которым Павел призывал своих молодых преемников в служении Тита и Тимофея понять, насколько важно подавать пример другим пасторам. Павел также призывал их самих быть примером для своей паствы. То же самое можно сказать и о нас. Каждый пастор является примером —

позитивным или негативным — и для других пасторов, и для своей паствы. Какой образец вы показываете другим? Каким примером для них вы являетесь?

Пасторы, подавайте пример

Благочестивая, верная жизнь пасторов или отсутствие таковой задает тон для всей церкви, в которой они служат. Это одна из причин, по которым Павел описывает четкие и конкретные качества характера, которыми должен обладать каждый пастор, чтобы претендовать на это служение (1 Тим. 3:1–7). Однако Павел не единственный, кто говорит об этой необходимости в новозаветных текстах; другие апостолы также подчеркивают это и призывают пасторов быть примером для других.

Показывайте пример благочестия

Выделяя конкретные сферы деятельности, Павел призывает Тимофея, молодого и неопытного пастора, быть образцом для других верующих: «Никто да не пренебрегает юностью твоей; но будь образцом для верных в слове, в житии, в любви, в духе, в вере, в чистоте» (1 Тим. 4:12).

Когда жизнь и служение Павла подходили к концу, его не волновал ни возраст, ни опыт. Поскольку Тимофей был юным, еще более важным стало подчеркнуть, что он должен быть «образцом для верующих». Павел знал, что овцы внимательно следят за своим пастырем. Причем неважно, насколько верен и благочестив этот пастырь. Он в любом случае будет оказывать глубокое влияние на свою паству.

Павел приводит некоторые подробности, говоря о тех качествах характера, которые должны свидетельствовать о евангельском преобразовании. Тимофей должен быть образцом «в слове, в житии, в любви, в духе, в вере, в чистоте». То есть Павел призывает Тимофея вести себя так, чтобы верующие видели в нем добрый пример того, что говорить, как поступать и как на его речь и поведение влияют духовные реалии.

Показывайте пример смирения

Апостол Петр также напоминает пасторам, что они являются примером для других людей. Обращаясь к сопастырям, Петр подчеркивает важность того, чтобы пасторы подавали пример для подражания:

> *Пасите Божие стадо, какое у вас, надзирая за ним не принужденно, но охотно и богоугодно, не для гнусной корысти, но из усердия, и не господствуя над наследием Божиим, но подавая пример стаду.*
>
> *1 Петра 5:2–3*

Петр говорит о том, что пастор должен быть образцом *смиренного и честного служения*. Он приводит пример того, как должно выглядеть истинное служение, и противопоставляет его руководству, с которого брать пример нельзя. Есть пасторы, искренне желающие заботиться о стаде Христовом, но, к сожалению, есть и такие, кто занимается не чем иным, как корыстолюбивым нарциссизмом. Это тот самый пример, который видел я в первые годы служения в церкви. Жестокая правда заключается в том, что ни один пастор не будет в полной мере примером верности. Любой пастор постоянно нуждается в очищении кровью Христа. Однако это не освобождает пасторов от ответственности за свои поступки. И Павел, и Петр ясно говорят: освящение пастора должно задавать тон в освящении и других членов церкви.

Помнить о добром примере

В главе 13 Послания к Евреям автор показывает своим адресатам несколько разных моделей поведения, которые демонстрируют их стойкость веры в Иисуса. Заканчивая свой перечень увещаний, автор подводит итог такими серьезными словами: «Помните наставников ваших, которые проповедовали вам Слово Божие, и, взирая на кончину их жизни, подражайте вере их» (Евр. 13:7).

Никогда не забуду, как однажды поздним вечером я беседовал с одним из своих наставников в пасторском служении. Одна церковь была заинтересована в том, чтобы позвать меня на служение главного пастора, я уже прошел собеседование и получил от церкви приглашение приехать и произнести проповедь. Мой наставник задал мне ряд глубоких вопросов, а затем подытожил нашу беседу таким благословением: «Что ж, я убедился в том, что у тебя есть соответствующие дары. Я научил тебя всему, что сам знаю. Теперь иди служить в этой церкви пастором и знай, что я буду молиться за тебя».

Это были простые слова, но в них скрывался глубокий смысл. В этой фразе читалось следующее: «*Я учил тебя и вкладывал в тебя то, что мог. И я рассчитываю, что с Божьей помощью ты будешь верным распорядителем того, чему научен и что тебе вверено*». Я регулярно думаю о том времени и вспоминаю эти слова. Они ободряют меня и вдохновляют быть верным руководителем церкви и последователем Христа.

Мы, пасторы, никогда не должны забывать, что оказались на своем месте потому, что кто-то однажды впервые рассказал нам Слово Божье, научил нас и привил нам то, что сам имел. И теперь мы, будучи проповедниками Божьего Слова и пасторами Божьего народа, получили особую привилегию — то же самое вкладывать в жизнь других.

Те наставники, о которых сказано в Послании к Евреям, своими словами и делами провозглашали Слово Божье. Одна из причин, по которым автор настаивает на том, чтобы ученики помнили пример своих руководителей, заключается в том, что святость в поведении и стойкость в вере этих служителей подтверждают истинность проповедуемого ими Евангелия. Соответственно, подразумевается, что если эти верующие отвергнут веру во Христа, то отвергнут и тех, кто достойно ими руководил, без устали говорил им Божье Слово и являл собой пример исполнения этого Слова. Весть и вестник тесно взаимосвязаны.

Эти отрывки подразумевают также наличие *личных* взаимоотношений. Пастор должен лично знать людей, которых наставляет. Сегодня, особенно среди молодых пасторов, распространена тенденция идеализировать популярных, известных проповедников и пренебрегать наставничеством один на один. Пасторы слушают их проповеди онлайн, читают их книги, слушают их выступления на конференциях. Я вовсе не хочу сказать, что известный проповедник не может оказать серьезного и доброго влияния на молодого служителя. Но это влияние не должно заменять непосредственного общения с пастором-наставником из плоти и крови, который знает нашу жизнь и служение и может непосредственно поучаствовать в нем добрым советом. Каждому пастору нужен человек, с которым можно откровенно поговорить и чьему примеру можно подражать.

Теперь образец — это вы!

Еще раз задумайтесь над этим увещеванием: «Помните наставников ваших, которые проповедовали вам Слово Божие, и, взирая на кончину их жизни, подражайте вере их» (Евр. 13:7).

Пасторы в долгу перед теми, кто учил их, вносил свой вклад в их жизнь и помог им достичь того положения, в котором они находятся сегодня в своей жизни и служении. Пасторы, верно заботящиеся о Божьем стаде, благодарны своим наставникам за вклад, который они внесли в их жизнь. В то же время мы должны понимать, что своими силами не способны сделать ни одну из перечисленных добродетелей. Благочестивая, верная жизнь — результат Божьей благодати, действующей через преобразующую силу Евангелия. Великие дары и способности далеко не всегда являются залогом благочестивого примера. Только сила Евангелия, воздействующая на сердце пастора, способна совершить этот труд. Только Евангелие, ежедневно применяемое в нашей жизни, может сделать нас для паствы тем самым образцом, которому она будет следовать.

Стоит признать, что жить благочестивой жизнью и быть добрым примером для других можно только благодаря силе Христа, действующей в каждом из нас. Но я бы мог предложить несколько практических советов, как возрастать в том, чтобы быть образцом для других. Чтобы воплотить некоторые из них в жизнь, нужно проявить определенную настойчивость.

Другие потребуют смены приоритетов. И все же я верю, что, применяя их на практике, вы увидите пребывающий плод.

Почитайте героев в служении, повлиявших на вас

Всегда полезно, когда пастор помнит о влиянии людей, которые его воспитывали, говорили ему Слово Божье и учили навыкам служения. Я помню, как одним холодным ноябрьским утром мне позвонили и сообщили печальную весть о том, что дорогой моему сердцу друг и наставник Джексон погиб при лобовом столкновении с пьяным водителем. Нас с Джексоном связывали особые отношения. Пастор Джексон основал церковь Дэйспринг Феллоушип и руководил ею более тридцати лет. Он был образцом верности, стойкости и непоколебимой любви к пастве. Я всем всегда говорил, что Джексон был тем человеком, на кого бы я хотел быть похожим, когда вырасту. Он установил для меня стандарт того, каким пастором я хотел стать.

Мой последний разговор с Джексоном состоялся примерно за месяц до его гибели. Я ехал на похороны дорогой сестры из нашей церкви, которая три месяца не дожила до своего ста седьмого дня рождения. Я позвонил пастору Джексону, чтобы спросить, как у него дела, и просто услышать его голос. Обычно я звонил, чтобы спросить совета и проконсультироваться, но на этот раз, по какой-то причине, я почувствовал побуждение позвонить ему, просто узнать, как у него дела, и поблагодарить его за то, что он мой друг и наставник.

Я сказал ему: «Брат Джексон, у меня сейчас нет какой-то неразрешимой ситуации, о которой я хотел бы вам рассказать. Я звоню не для того, чтобы спросить у вас какого-то совета. Просто звоню спросить, как у вас дела и как чувствует себя

Барбара после операции. Я также хотел сказать, как благодарен вам за все, что вы сделали в моей жизни, чему научили и что вложили в меня. Ваше влияние на меня как на мужчину, мужа, отца и пастора — больше, чем вы можете себе представить. Для меня вы и ваш пример пасторского служения — настоящий Божий дар. Спасибо вам за дружбу и за все, что вы для меня сделали!»

Оглядываясь назад, я вижу, как Бог явил мне Свою особую доброту, побудив меня тогда позвонить. Наш суверенный и добрый Бог, Который назначает все наши дни еще до того, как мы их проживем (Пс. 138:16), знал то, чего не знал я: это был мой последний разговор с Джексоном до того, как он ушел в вечность. Воспоминания о том разговоре и последовавших за ним событиях особенно мотивируют меня постоянно помнить о людях, которые послужили для меня примером, и регулярно уделять время, чтобы выразить им благодарность. Я призываю вас сделать то же самое в отношении того, кого Господь положил вам на сердце. Вы не пожалеете!

Послание к Евреям призывает нас *помнить* тех, кто вел нас, тех, кто говорил нам Слово Божье. Вспоминая о них, свяжитесь с ними в самое ближайшее время, каким-то образом выразите им признательность и поблагодарите Бога за то, что Он привел в вашу жизнь этого человека — будь то верный родитель, пастор, учитель или друг, — тем самым проявив Свою суверенную заботу о вас. Эти люди оказались в вашей жизни не просто так. С их помощью вы смогли проявить стойкость веры в Иисуса. Бог употребил их на то, чтобы привести вас к тому состоянию, в котором вы оказались сегодня, и подготовить к служению, к которому вы призваны. Помните о них и будьте благодарны.

Проводите время с паствой

Мы не можем быть образцом для других, если не проводим с ними время. Я все чаще слышу о молодых пасторах, которые проводят по сорок часов в неделю в своем кабинете, а такие дела, как посещение и ученичество, перекладывают на плечи дьяконов и других служителей церкви. В таком подходе к пасторскому служению я вижу очень много проблем, но одна из них очевидна: недостаточное количество времени, проводимого вместе с людьми из церкви. И действительно: как может пастор быть образцом для своей паствы, если он видит этих людей лишь раз в неделю? Пастор, конечно, должен готовиться к проповеди Слова, но это Слово нужно доносить как в большой аудитории, так и в частном порядке. И лучше всего это делать, посещая места, где есть сами люди, и проводя с ними время. Где находятся члены вашей церкви в течение недели? С молодым специалистом можно встретиться у него на работе, с пожилой сестрой можно вместе поработать у нее в огороде, а молодую семейную пару можно пригласить к себе домой, чтобы поговорить о трудностях и радостях семейных отношений и воспитания детей. Пусть они, созидая свою семью, увидят пример вашей семейной жизни. Если пастырь хочет быть таким образцом, каким его хочет видеть Бог, он должен проводить время с овцами.

Не ищите оправданий

В начале моего служения, когда я только проходил обучение, меня учили, что всегда можно найти оправдание, если не получилось выполнить какую-то работу. Когда мне было всего двадцать лет, будучи сотрудником в церкви, я услышал от руководителя служения такую фразу: «Не переживай, ты еще молод, поэтому никто тебя не будет воспринимать всерьез. Просто делай, что можешь, и однажды тебя начнут уважать. Тогда к тебе будут прислушиваться, и ты сможешь влиять на людей». Однако эти слова идут вразрез с мудростью апостола Павла, который напутствовал молодого Тимофея: «Никто да не пренебрегает юностью твоей; но будь образцом для верных в слове, в житии, в любви, в духе, в вере, в чистоте» (1 Тим. 4:12). Павел велит Тимофею подавать пример и противостоять заниженным ожиданиям других людей. Если вы сталкиваетесь с проблемами и трудностями в служении, если люди вас не слушают или не воспринимают всерьез, не пытайтесь жалеть самого себя. Стремитесь преодолевать препятствия. В те годы, когда я только начинал служение, я мог бы взять на вооружение слова моего начальника в качестве оправдания небрежного исполнения работы и идти по легкому пути.

При этом молодость — это лишь одно в целом ряду оправданий, которые я слышал от пасторов. Мы все склонны уклоняться от ответственности за свой пример перед глазами семьи и паствы. Если мы не будем за собой следить, в нас проявится греховное отношение: «Делай, как я говорю, а не как я делаю», — даже если мы и не будем говорить эти слова. Попытки оправдаться заставляют нас чувствовать себя жертвой, и мы таким образом снимаем с себя ответственность. Как следствие, мы можем перестать должным образом бороться с грехом. Оправдания могут даже заставить нас критиковать других, и в наших неудачах или разочарованиях мы скорее будем обвинять кого угодно, но только не себя. Тогда мы будем занижать поставленный перед нами библейский стандарт.

Пасторы, конечно же, от этого не застрахованы, и мы склонны оправдывать себя, как и все остальные.

Не пытайтесь найти отговорку, уклоняясь от библейского призвания быть образцом для церкви. Да, вы несовершенный грешник. Бог знает, что, как и любые другие люди, пасторы нуждаются в очищающей крови Иисуса и благой вести о Его подвиге. Но мы также знаем, что для руководителей Бог устанавливает более высокие стандарты. Во Христе мы уже гарантированно приняты Богом. Поэтому старайтесь быть образцом для общины в *свободе,* зная, что Христос уже исполнил все требования этих стандартов, чего сами вы никогда бы не смогли совершить. Уже сейчас вы облеклись в праведность Иисуса. Ходите же со смирением в этой праведности, признавайте свои грехи и слабости в руководстве и подавайте церкви пример упования. Главный пример, который мы можем показать пастве, — это наша жизнь, которая свидетельствует, что мы, пасторы, сами живем и дышим Евангелием.

Не бойтесь показаться уязвимым

Для того, чтобы поступать по евангельской истине, необходимо смирение. Необходимо уметь признавать свою неправоту, ошибки и совершенные против других людей грехи. Апостол Павел описывает несколько явных качеств характера, которые должны быть видны в жизни пастора (1 Тим. 3:1–7). Несомненно, пример пастве можно подавать и будучи добрым, любящим и милостивым по отношению к другим. Но еще более явный способ быть для церкви образцом евангельского поведения — быть открытым и в смирении признавать те моменты, когда продемонстрировать эти качества не удалось. Пожалуй, лучший пример, который пастор может подать своей семье и пастве, — проявить сокрушенное сердце и быть самим собой. Я говорю это потому, что зачастую это самое сложное в жизни пастора и руководителя. Нелегко поделиться в проповеди обличающей себя самого историей или привести пример, выставляющий самого себя в неприглядном свете. И здесь, несомненно, нужна мудрость, какими подробностями стоит, а какими не стоит делиться. В то же время я обнаружил, что, когда я честно признаюсь в недостатках, люди в церкви могут установить со мной уникальную и особенную связь. Одни, которых я уже давно не видел и не слышал, вдруг проявляют заинтересованность в том, чтобы поговорить. Другие хотят встретиться среди недели, чтобы посоветоваться и вместе помолиться. Подобная уязвимость более привлекательна, чем нам кажется.

Для многих членов церкви совершенно естественно возносить пастора на пьедестал и относиться к нему как к «особому» христианину, как к кому-то особо превознесенному. Это будет продолжаться до тех пор, пока вы добровольно и с дерзновением прямо на глазах у церкви не разрушите это подобострастие. Когда же вы признаетесь перед церковью, что, как и они, сами боретесь с грехом, люди начнут общаться с вами по-особому. Они поймут, что их пастор так же немощен, сокрушен и нуждается в Божьей благодати, как и они. Быть образцом для семьи и церкви — не значит делать все правильно и никогда не ошибаться. И церковь, и семья знают, что вы грешник, даже если вы в этом никогда не признаетесь. Понятно, что далеко не во всем и не всегда вы поступаете правильно. Примите, признайте это и будьте открыты, чтобы в смирении показать сокрушенность перед церковью и тем самым подать пример, что значит поступать по Божьей благодати. Полагайтесь на Божью благодать и демонстрируйте другим, как пребывать в Божьей милости во Христе.

Призывайте общину подражать вам

Пожалуй, из всех советов, которыми я поделился в этой главе, принять и исполнить этот будет труднее всего. Вспомните, как автор Послания к Евреям увещевает христиан помнить своих наставников «и, взирая на кончину их жизни», подражать «вере их» (Евр. 13:7). Пасторы должны настолько сознавать собственные грехи, борьбу и слабости, что даже мысль о том, чтобы когда-либо говорить своей пастве: «Делайте то, что делаю я, говорите то, что говорю я, подражайте моей вере», будет приводить их в трепет. Но именно к этому Библия и призывает пасторов. Служители призваны не просто провозглашать Слово Божье, они должны исполнять его так, чтобы иметь право честно позвать других за собой. Когда пастор дерзновенно произносит Божье Слово, он сам должен демонстрировать своей жизнью, что живет тем, о чем проповедует, чтобы другие захотели последовать за ним.

Однажды мне посчастливилось услышать, как пастор Альберт Мартин, выступая перед группой пасторов, сказал нечто, что глубоко затронуло меня. В своей проповеди о том, как быть примером для паствы, он сказал: «Что должны сделать члены вашей церкви, когда в дверь зайдет неверующий и спросит у них, как должен христианин относиться к своей жене? Знаете, что они должны делать? Они должны указать на вас, своего пастора, и сказать: "Смотри на него. Он мой пастор. Просто наблюдай, как он нежно, с любовью и жертвенностью дорожит этой женщиной, которая находится рядом с ним, — своей женой"».

Вот наша пасторская задача — по милости Божьей пасти Его стадо, тех самых грешников, которые преобразились под действием Евангелия и которых призвал Пастыреначальник. Конечно, в этом мы не совершенны, но главное — быть верным.

Заключение

Тот самый мой друг и наставник Джексон Бойетт, о котором я упоминал ранее, обучал и наставлял двоих учеников. Оба они в итоге поступили в местную семинарию. Позже эти молодые братья стали членами нашей церкви. После долгих лет верного служения в нашей церкви один из них занял должность пастора в другой церкви, а второй был призван стать преемником Джексона в церкви Дэйспринг. За месяц до их отъезда мне довелось пообедать с ними и сказать им, какой радостью для меня было служить вместе с ними и вносить посильный вклад в их жизнь. Я призвал их продолжать тот труд, который начал пастор Джексон, а затем передал мне. Поскольку Джексона уже не было рядом с нами, чтобы дать им напутствие, я взял на себя смелость сделать это от его имени. Я прочел Евреям 13:7 и сказал: «Когда вы отправитесь каждый в свою церковь пасти Божий народ, помните тех, кто вел вас, кто проповедовал вам Слово Божье; и, взирая на плод их труда, подражайте вере их».

Вам выпала необыкновенная честь. Вы не просто можете брать пример с тех служителей, кто верно вел вас за собой, кто проповедовал вам Божье Слово и чья жизнь была примером жизни по этому Слову. Теперь у вас есть возможность поступать так же с теми, кто вверен вашему попечению. Каждый пастор призван быть образцом, подавая пример, который однажды показали ему. Пусть тяжесть великой евангельской вести, которую вам надлежит нести, не сломит, а напротив, ободрит вас! Да, вы никогда не сможете оправдать всех ожиданий, но вы можете проявлять стойкость и верность в служении и быть примером того, как бежать ко кресту, когда вы не в силах быть совершенным образцом для подражания.

ГЛАВА 5

ПОСЕЩАТЬ БОЛЬНЫХ

...[Я] был наг, и вы одели Меня; был болен, и вы посетили Меня; в темнице был, и вы пришли ко Мне (Евангелие от Матфея 25:36).

Сегодня я все больше замечаю, как ветшает один из важнейших аспектов пасторского служения[10]. Многие пасторы пренебрегают своей обязанностью заботиться о тех членах своей паствы, которые страдают от немощи, боли, болезней и других форм физических недугов. На протяжении веков служение пастора всегда предполагало личную заботу о душах паствы во время критических ниспосланных Богом периодов жизни. Страдания во время недуга — один из таких периодов. Сегодня некоторые представители молодого поколения пасторов предпочитают выбрать для себя некую специализацию в служении, например, сосредоточиваются на проповеди или воспитании лидеров, а заботу о больных оставляют другим служителям. Я считаю, что такая форма

---

[10] Содержание этой главы является кратким изложением эссе Брайана Крофта «Посещайте больных» (Brian Croft, *Visit the Sick*. Grand Rapids: Zondervan, 2014).

специализации недопустима и не соответствует Библии, поэтому в этой главе я постараюсь убедить даже самых занятых пасторов в том, что забота о больных по-прежнему является одним из ключевых приоритетов пасторского служения.

Библейский призыв заботиться о немощных

Библия ясно учит, что Бог призывает пасторов заботиться о больных и страждущих. Мы видим этот призыв не просто в нескольких библейских текстах. Эта идея красной нитью проходит через все Писание и подчеркнута в двух главных темах: (1) Бог властен над болезнью и исцелением, и (2) Бог призывает Свой народ заботиться о нуждающихся и страждущих.

Сотворение и грехопадение

В самом начале Библии мы читаем о мире, который был сотворен вовсе не таким, каким мы видим его сегодня. Бог создал небо, землю и всех живых существ (Быт. 1–2). Кроме того, Он создал человека, мужчину и женщину, по образу и подобию Своему (1:27) и увидел, что все, что Он сотворил, «хорошо весьма» (1:31). Он поселил мужчину и женщину в Эдемском саду, где они должны были господствовать над Его творением, плодиться и размножаться. В том мире не было никаких болезней, немощей, недугов, страданий и несчастья. Тогда не было ни поражающего человеческий организм рака, ни болей в суставах, ни телесных мук. Не нужно было лечить никакую хворь, не было надобности исцелять никакую болезнь. Самое главное, в том мире не было смерти. Все было хорошо, прекрасно и правильно, как и задумал Бог для Своего творения.

Но сегодня мы живем уже не в таком мире, какой описан в первых двух главах Бытия. Реальность сегодняшней жизни такова, что и с нашим миром, и с теми, кто создан по образу и подобию Божьему, что-то пошло не так. Глава 3 Бытия описывает, как Адам и Ева согрешили, ослушавшись Божьего слова и вкусив от дерева познания добра и зла (ст. 6). В результате на них и на все творение обрушилось проклятие смерти, как и предупреждал Бог. В тот день грех со всеми его последствиями вошел в мир. Адам и Ева были изгнаны из рая прочь от дерева жизни, плоды которого давали вечную жизнь (ст. 22). В результате человек познал не только смерть, но и последствия, которые смерть принесла с собой: старость, боль и страдания.

Болезни и страдания стали частью проклятия, возникшего в результате греха. Сегодня у нас есть множество объяснений того, что такое болезнь и как она появилась. Библия, однако, дает весьма простой ответ на этот сложный вопрос. Недомогание, болезни, боль, страдания, недуги и смерть — все это является неоспоримым свидетельством грехопадения человечества. Начиная с этого места, в сюжетной линии Библии разворачивается тема отчаянной потребности человека в искуплении. Дальнейшее повествование быстро выявляет тот факт, что спасти творение от этого проклятия можно только при условии, если в эту ситуацию вмешается суверенный, вечный Бог. В этом и есть надежда Евангелия. Это надежда на телесное воскресение, обещанное Богом, когда совершится славный подвиг искупления, кульминацией которого станет смерть и воскресение Иисуса Христа.

Жизнь Израиля

Бог задумал искупить человечество через избранный народ, которому суждено было стать Его народом среди прочих людей земли. Бог обещал Аврааму (Быт. 12) произвести от него народ через сына Исаака, который родился спустя немалое время (Быт. 21). От того самого сына начал свою историю израильский народ (это потомки Иакова, сына Исаака). Благодаря внуку Исаака Иосифу, израильский народ оказался в Египте, где сильно размножился (Исх. 1:7), но впоследствии оказался в рабстве у египтян. Однако еще за сотни лет до этого рабства Бог обещал освободить их от угнетения и предать суду народ, державший их в рабстве (Быт. 15:13–14). Освобождение давалось нелегко и сопровождалось болезнями и страданиями. Но эти болезни Бог употреблял во славу Свою. Это видно из судов над фараоном (Исх. 9; 11), а также из примеров Божьей охраны Израиля (Исх. 15:26). Тема послушания и неповиновения подчеркивается и в обетованиях Ветхого Завета, в котором послушание Бог вознаграждает благословениями, а неповиновение наказывает проклятиями (Втор. 28–29).

Когда Израиль вошел в Обетованную землю и над народом стали править цари, Бог продолжил употреблять болезни и недуги, чтобы явить Свою волю. В одних случаях Он посылал болезни, чтобы свершить суд, в других — исцелял их и являл милость. Так, например, Бог дал сыну Давида заболеть и умереть по причине того, что Давид совершил прелюбодеяние (2 Цар. 12:14–18). У царя Асы заболели ноги, а затем болезнь «поднялась до верхних частей тела; но он в болезни своей взыскал не Господа, а врачей» и в итоге умер (2 Пар. 16:12–13). В то же время могущественная рука Божья принесла исцеление смертельно больному царю Езекии, которому была предречена скорая смерть (2 Цар. 20:1–11). Через Илию Бог принес исцеление сыну вдовы по ее молитве к Господу (3 Цар. 17:17–24). Учитывая все неповиновение народа, Бог не только наказывал его болезнями, но и проявлял Свою доброту.

Сюжет Божьего искупления развивался на протяжении всего Ветхого Завета, и в нем Господь призывал Свой народ заботиться о тех, кто страдает от болезней и недугов. Через пророка Иезекииля Он обличал пастырей Израиля за пренебрежение к своему стаду, в том числе за отказ заботиться о больных. Пророк Иезекииль пишет: «Слабых не укрепляли, и больной овцы не врачевали, и пораненной не перевязывали, и угнанной не возвращали, и потерянной не искали, а правили ими с насилием и жестокостью» (Иез. 34:4). Когда о больных переставали заботиться пастыри, тогда, естественно, и обычные люди пренебрегали этими обязанностями.

На протяжении всей истории Израиля Бог использовал болезни, недомогания и недуги как Божественное средство для достижения Своих целей. Пророки предостерегали, что за непослушание израильтян Бог рассеет Свой народ, и они будут удручены и несчастны. И все-таки эти же пророки призывали народ не терять надежду и ожидать пришествия обещанного Искупителя и Целителя. Несмотря на всю трагическую историю Божьего народа, Бог всегда оставался верен завету, заключенному со Своим народом, и Своему обещанию, что придет Искупитель, Который откроет долгожданный вход в Царство Божье.

Жизнь Христа

После долгих лет молчания Бог прорвался сквозь мрак отчаяния и страданий. Это был «глас вопиющего в пустыне», призывавший приготовить путь Господу (Мк. 1:3). Марк на протяжении всего своего Евангелия показывает, что Иисус пришел как имеющий власть от Бога, как Сын Божий (Мк. 1:1). И главным доказательством, что в Нем было то долгожданное Царство, была Его власть над болезнями, недугами и смертью. Все авторы Евангелий постоянно напоминают читателю об этой реальности: «И прошел о Нем [об Иисусе] слух по всей Сирии; и приводили к Нему всех немощных, одержимых различными болезнями и припадками, и бесноватых, и лунатиков, и парализованных, и Он исцелял их» (Мф. 4:24). Иисус исцелил многих и исполнил тем самым слова пророков.

Это свидетельство власти Иисуса и грядущего Царства наиболее ясно проявилось в том, как Иисус воскрешал мертвых. Он воскресил умершую дочь начальника синагоги (Мк. 5:41–42). Затем, уже спустя несколько дней после погребения, Иисус воскресил из мертвых Лазаря (Ин. 11:43–44). Способность Иисуса воскрешать из мертвых указывала на то, что в итоге Он сам воскреснет из мертвых через три дня после смерти на кресте. Благодаря воскресению Мессии все Его последователи обретают не только обетование вечной жизни через покаяние и веру в Него, но и физическое воскресение в последний день: «Ибо если мы соединены с Ним подобием смерти Его, то должны быть соединены и подобием воскресения» (Рим. 6:5). Теперь, при воскресшем из мертвых Иисусе, Его последователи обладают правом стать гражданами вечного Божьего Царства.

Иисус, несомненно, имел суверенную Божью власть над болезнями и недугами, о чем свидетельствуют все евангельские повествования. Также Евангелия провозглашают призыв

Иисуса к Своим последователям заботиться о страждущих. Самый яркий пример можно найти в главе 25 Евангелия от Матфея, где Иисус говорит ученикам притчу о жизни в Царстве, где они проявляют заботу о ближних во имя Его: «Ибо алкал Я, и вы дали Мне есть; жаждал, и вы напоили Меня; был странником, и вы приняли Меня; был наг, и вы одели Меня; был болен, и вы посетили Меня; в темнице был, и вы пришли ко Мне» (Мф. 25:35–36). Иисус убедительно учит, что, заботясь о нуждах «братьев... меньших», подданные Царя заботились о Нем Самом (ст. 40). Свое учение Он заканчивает словами о суде, который неминуемо постигнет нечестивых — тех, кто, не проявив заботы о ближнем, по сути, не позаботились о Самом Царе (ст. 41–46).

Иисус возвещает начало Царства Божьего, и главным свидетельством того, что искупление уже пришло, является то, что слепые прозревают, хромые ходят, глухие слышат, больные и немощные исцеляются, а мертвые воскресают. Бог задумал явно продемонстрировать Свое сострадание к слабым и нуждающимся через заботу Его народа друг о друге. Царство Божье явно продемонстрировано и в дальнейшем повествовании. Свидетельства о нем мы видим в рождении и жизни Церкви Христовой.

Жизнь Церкви

Когда Иисус выслал Своих учеников на первую миссию, Он дал им повеление: «...больных исцеляйте, прокаженных очищайте, мертвых воскрешайте, бесов изгоняйте...» (Мф. 10:8). Эти повеления исполнились, когда церковь приняла силу в день Пятидесятницы (Деян. 2), и апостолы пошли в мир свидетельствовать о Христе (Деян. 1:8). Через апостолов Бог явил Свою суверенную власть либо судить, либо исцелять в соответствии со Своими целями. Ананию и Сапфиру Бог осудил и приговорил к смерти за ложь, что они якобы отдали апостолам всю выручку от проданного имущества (Деян. 5:1–11). С другой стороны, Тавифу Бог исцелил, проявив сострадание к ней и к тем, кто любил ее. Когда она заболела и умерла, Петр воскресил ее из мертвых (Деян. 9:36–43).

В новозаветных посланиях мы также видим, как через болезни и страдания Бог являет Свои суверенные искупительные цели. Павлу дано было «жало в плоть», чтобы в его немощи еще более могущественно совершилась сила Христова (2 Кор. 12:8–9). Через болезни и смерти Бог предостерегал церковь от злоупотреблений во время вечери Господней (1 Кор. 11:27–30). Петр призывал христиан, страждущих по воле Божьей, прославлять Его за эту участь и доверять свои души верному Создателю (1 Пет. 4:19). Суверенный Бог всей Вселенной употреблял болезни, боль, недуги и страдания, чтобы освятить народ Царства Своего и возвеличить Христа.

В Библии многократно звучит призыв к верующим внутри церкви о важности жертвенной заботы о страждущих ради этих целей. Яркий пример этого призыва мы можем найти в Деяниях, где описана история, как христиане продавали свое имущество и складывали вырученные деньги к ногам апостолов, чтобы те послужили нуждающимся (Деян. 4:34–37). В своем письме к верующим в Филиппах Павел упоминает о болезни Епафродита, и в его словах заметны забота и беспокойство как Павла, так и самой церкви (Флп. 2:25–27). Иаков увещевает христиан призывать пресвитеров, чтобы те молились за больных (Иак. 5:14). Иоанн молится о том, чтобы христиане здравствовали и преуспевали во всем (3 Ин. 3). В этих примерах верующие показывают образец сострадания к больным и нуждающимся. Христиане призваны к самопожертвованию в отношении друг друга. Они должны доверять Божьему суверенному замыслу, который, несомненно, исполнится через болезни. И до того дня, пока Иисус не вернется за Своей Церковью и не воссядет на престоле в Своем Царстве, каждый отдельный христианин призван заботиться о тех людях в церкви, кто занемог, кому больно, кто страждет.

Новое творение

Божий план искупления всего творения однажды завершится. Но для тех, кто следует за Христом, конечный пункт назначения — это не бестелесное существование после смерти. Когда Иисус вернется за Своей невестой, Он воссядет на престоле, чтобы судить народы, наказать нечестивых и полностью установить Свое Царство на новом небе и новой земле. Это новое мироздание будет называться новым творением, где раз и навсегда будет покончено со всяким проклятием греха. В этом новом свете люди, принадлежащие Божьему Царству, не только познают физическое воскресение, но и пребудут в вечном общении с Иисусом, нашим Спасителем и Царем.

В этом обетовании мы видим дивную надежду: у нас будут тела без физических изъянов, без следов проклятья. То есть больше не будет болезней, недугов, боли, страданий, скорби и смерти (Откр. 20:14). В Откровении Иоанн рисует красочную картину: «И отрет Бог всякую слезу с очей их, и смерти не будет уже; ни плача, ни вопля, ни болезни уже не будет...» (Откр. 21:4). В своем видении, где все напоминает об

Эдемском саде (Быт. 2), Иоанн описывает реку и растущее у нее дерево жизни, листья которого будут служить для исцеления народов (Откр. 22:1–2). Там уже не будет проклятия, и те, кто, уверовав в Христову жертву на кресте, присоединился к Божьему Царству, испытают на себе все то, что Бог задумал в Эдемском саду.

Понимание того, как в Библии развивается сюжетная линия Божьего плана искупления, необходимо не только для того, чтобы вникнуть в Божий замысел в отношении Его творения, но и для того, чтобы с перспективы вечности увидеть Божью цель для недомоганий, болезней, боли и страданий в этом мире. Когда пасторы посещают больных и страждущих в своих общинах и заботятся о них, важно не просто помнить о том, что у Бога есть цель для болезней, но и учить о том, что суверенный Бог управляет всеми этими обстоятельствами, действуя на благо Своего народа (Рим. 8:28). Эта библейская перспектива поможет нам нести благодать нашим ближним и лучше заботиться о тех, кого мы посещаем.

Что делать во время посещения больных

Писание неоспоримо и ясно говорит о том, что суверенный Бог на протяжении всей истории искупления употреблял болезни, недуги и страдания в жизни Своего народа, чтобы достигать искупительных целей и являть Свою собственную славу. В то же время в Библии нет однозначных указаний о том, как воплотить эти библейские принципы в повседневной жизни в нашем конкретном контексте. Ниже вы можете прочитать несколько практических советов для пасторов и для любого, кто желает участвовать в служении посещения больных и немощных. Выполняя эти рекомендации, вы сможете наиболее эффективно и с наибольшей пользой применить упомянутые выше библейские заповеди.

Задавайте вопросы

Посещая больных, мы должны вести осознанные разговоры. Соответственно, чтобы проявить верность в этом деле, мы должны планировать ход беседы. Лучший способ подготовиться — подумать о том, какие вопросы в итоге смогут перевести разговор в духовное русло. Вместе с тем во время подготовки мы должны помнить о тех, с кем разговариваем. По меньшей мере, оказавшись в такой ситуации, они чувствуют дискомфорт. Кроме того, они могут испытывать сильные боли, периодически терять сознание или отвлекаться на находящихся в помещении членов семьи. Поэтому, прежде чем начать задавать вопросы, мы должны прислушаться к мудрому совету Дэвида Диксона: «Не утруждайте их ничем, требующим длительного или непрерывного внимания, и пусть переход от одной темы к другой будет естественным и легким»[11].

Приступать к беседе стоит, лишь серьезно продумав задаваемые вопросы. Лично для меня наиболее эффективным выглядит примерно такой порядок действий. Сначала следует спросить больного о том, как он сам, как себя чувствует, какое лечение ему рекомендовано. Можно спросить его о семье, в частности о том, ухаживает ли за ним в последние дни кто-то из родственников. Затем постарайтесь перевести разговор в сферу духовных вопросов. Хороший способ сделать

---

[11] David Dickson, *The Elder and His Work* (1883; repr., Phillipsburg, NJ: P & R, 2004), 58.

это — спросить, о чем за него можно помолиться. Святой Дух может употребить этот вопрос для перехода к беседе на вечные темы. Однако наши вопросы призваны подвести нас к разговору о Боге и надежде, которую мы можем найти лишь во Христе. Иисус — наше упование, независимо от того, болен человек или здоров. Поэтому, задавая вопросы, мы, несомненно, должны быть чуткими к обстоятельствам тех, кого посещаем, но эти вопросы всегда должны быть богоугодными и евангельскими по содержанию.

Читайте вслух Писание

Один молодой семинарист из нашей церкви однажды решил навестить сестру, которая находилась в больнице в тяжелом состоянии. Несмотря на то, что опыт посещений у него практически отсутствовал, он услышал мой призыв позаботиться об этой женщине. Много лет она была членом нашей церкви, давно и верно служила Господу, а сейчас лежала на смертном одре. Он вошел в больничную палату и обнаружил, что она в крайне тяжелом состоянии. Эта женщина постоянно теряла сознание, задыхалась при каждом вдохе и страдала от судорог. Кроме того, он заметил нечто весьма необычное: в палате не было ни одного ее родственника. Он слышал, как я не раз повторял: «В палате всегда есть родственники больных, с которыми можно поговорить». Однако в этот раз родственников не было. Как бы в такой ситуации поступили вы? Этот брат нашел впечатляющий и духовно зрелый выход.

Он открыл свою Библию и начал читать. Стоя рядом с кроватью умирающей, едва дышащей женщины, он читал о славном характере Бога и обещаниях, которые Он дал Своим усыновленным детям во Христе. Вскоре после того, как молодой верный брат покинул палату, она отошла в вечность. Только Бог знает, какие плоды принес тот день. Но нельзя не отметить, насколько здравым тогда было его побуждение. «Слово Божие живо, и действенно, и острее всякого меча обоюдоострого...» (Евр. 4:12). Истина Божьего Слова должна оставаться у нас на устах, иначе, столкнувшись с такими неудобными моментами, мы можем не знать, как реагировать.

Томас Мерфи, выдающийся американский пастор XIX века, призывал пасторов сделать главный упор во время посещения больных на чтении вслух Писания:

> Даже когда люди, которых мы посещаем, очень слабы, мы должны читать им это Слово, цитировать его, повторять много раз, чтобы оно отпечаталось в их разуме, подчеркивать и объяснять его значение. Доктор Арчибальд Александер привел множество примеров и доказал, что простое учение Слова Божьего, донесенное до сознания даже скептически настроенных и сомневающихся пациентов, часто оказывается намного более действенным, чем любая аргументация, которую им можно предложить. Чтение или цитирование отрывков из Писания зачастую облегчает задачу пастора, когда состояние человека настолько серьезно, что пастор сам уже не знает, что и сказать. Действительно, бывает так, что больше ничего не остается, особенно когда больной либо не может, либо не хочет разговаривать, и когда мы даже не можем знать, услышал ли он нас. Поэтому служитель всегда должен держать в памяти обширный перечень библейских текстов, подходящих для больных, чтобы в любую минуту

суметь ими воспользоваться. К этому нужно тщательно и постоянно готовиться, так как это вопрос, к которому мы не можем позволить себе отнестись небрежно[12].

Как же подготовиться к таким ситуациям? Мерфи советует нам «всегда... держать в памяти обширный перечень библейских текстов, подходящих для больных, чтобы в любую минуту суметь ими воспользоваться». Найдите время, чтобы подумать над несколькими местами Писания, которые могут быть ободрением для больных. Полезно распределить их по категориям. Вот четыре списка текстов для различных ситуаций:

- **Тексты утешения:** Псалмы 22; 27; 33; 45; 61; 144; Евреям 4:14–16.
- **Краткая суть евангельской вести:** Иоанна 11:25–26; Римлянам 5:6–11; 2 Коринфянам 5:17–21; Ефесянам 2:1–10.
- **Тексты, раскрывающие цель страданий верующего:** 2 Коринфянам 12:7–9; Иакова 1:2–4; 1 Петра 1:6–7; 4:12–19.
- **Тексты, говорящие о реальности вечности со Христом и надежде на нее:** Иоанна 10:27–30; 14:1–3; Филиппийцам 1:21–23; 1 Петра 1:3–5.

Запомнив несколько отрывков, вы сможете лучше подготовиться к неожиданностям. Но в любом случае *берите с собой Библию.*

---

[12] Thomas Murphy, *Pastoral Theology: The Pastor in the Various Duties of His Office* (Philadelphia: Presbyterian Board of Publication, 1877), 242–43.

В молитве провозглашайте Евангелие

Однажды утром мне позвонила медсестра из местной больницы и попросила меня немедленно приехать. Неверующая супруга одного из членов нашей церкви была при смерти. Я даже не представлял, что меня ожидает, когда я приеду. Я вошел в палату, полную членов семьи, а убитый горем муж пригласил меня к постели жены. У него самого были проблемы со здоровьем, в частности трахеостомия, в результате чего он не мог говорить.

Однако я быстро понял, зачем меня так срочно вызвали. Он попросил меня помолиться за его жену, потому что врачи решились отключить ее от аппарата искусственной вентиляции легких. Двадцатью минутами ранее я сидел у себя в кабинете, погруженный в изучение библейских текстов; теперь меня попросили помолиться последней молитвой за умирающую женщину-нехристианку на глазах у ее мужа и в присутствии еще пятнадцати неверующих членов семьи, ожидавших, что по моей молитве произойдет чудо. У меня было буквально несколько секунд, чтобы решить, что делать и как молиться.

Я решил помолиться за эту умирающую женщину, ее мужа и их неверующих членов семьи, заполнивших комнату, и в молитве проговорить суть Евангелия. Я молился не о том, чтобы Бог пощадил ее. И не о том, чтобы Он исцелил ее. Несмотря на то, что все собравшиеся явно ожидали, что я своей молитвой каким-то манипулятивным образом заставлю Бога принять ее, я не молился об этом. Я молился о том, чтобы Евангелие было ее единственной надеждой, чтобы Бог дал каждому находящемуся в этой палате человеку понять, что Евангелие — это и его единственное упование. Молитва, провозглашающая Евангелие, совсем не обязательно должна быть сложной. Это может быть простая молитва, основанная на четырех основных темах Евангелия: *Бог, человек, Христос, отклик.*

В тот день в больничной палате Бог преподал мне бесценный урок, оказавший особое влияние на меня и мое служение. Молитву, в которой звучит Евангелие, слышат все, а значит, они слышат и само Евангелие. В тот день, когда я в молитве благовествовал умирающей неверующей женщине, которой через несколько минут предстояло оказаться перед Божьим судом, Евангелие должны были услышать и она сама, и ее муж-христианин, и ее погибающие родственники. Если мы действительно верим, что вера от слышания (Рим. 10:17), то нам нельзя покидать больничную палату, дом престарелых, реабилитационный центр или дом больного (или здорового, если уж на то пошло) человека, не провозгласив в молитве о Божьей надежде во Христе.

Оставляйте записки

Когда я только начинал служение посещения, я часто обнаруживал, что мои усилия оказывались напрасны, но не потому, что визит был неудачным, а потому, что я просто не мог увидеть больного. Часто бывало, что я просто уходил и через несколько часов возвращался, и вновь неудачно: больного мне так и не удавалось увидеть. Я тратил драгоценное время на дорогу туда и обратно, и все мои усилия были тщетны. К сожалению, тогда никто не посоветовал мне простое и очевидное решение: *оставить записку.*

Мы сталкиваемся с различными ситуациями, когда люди, которых мы хотим навестить, оказываются недоступны. Бывает так, что больной находится в больнице, но в тот самый момент сдает анализы, или проходит лечение в процедурном кабинете, или просто отдыхает. Возможно, в это время у него обход медперсонала, и вас к больному не пропустят. В доме престарелых во время вашего приезда могут проходить какие-то мероприятия, тихий час или другие посещения. В реабилитационных центрах пациенты могут оказаться за пределами своей палаты, проходя те или иные курсы терапии по нескольку раз в день. Даже в ситуациях, когда мы навещаем кого-то дома, может оказаться, что этот больной на приеме у врача или отдыхает и не может принимать посетителей.

В таких случаях можно оставить записку. Такое решение может принести большой плод, потому что позволяет реализовать сразу несколько аспектов заботы, даже если мы не можем проявить ее, увидевшись с больным лицом к лицу. Записка дает ему знать, что мы нашли время, чтобы разыскать его, и молимся за него. Она сообщает, что мы хотели бы ему послужить, чем только возможно, и что, несмотря на сложившиеся обстоятельства, у него по-прежнему есть связь со своей церковью. Эту записку наш подопечный может перечитывать снова и снова после того, как мы уйдем, и она послужит ему ободрением.

Кроме того, больному можно оставить небольшие книги или брошюрки, чтобы ему было чем себя занять после вашего посещения и молитвы, и он мог еще раз повторить истины, о которых вы говорили во время визита. Томас Мерфи высказывается в поддержку такой практики:

> *В долгие томительные часы они не раз будут просматривать и перечитывать содержащиеся на этих страницах истины, размышлять об их применении в своей ситуации,*

вспоминать соответствующие наставления, найденные в них, и снова и снова обдумывать их. Тогда безмолвную весть, прочитанную ими на бумаге, они, возможно, воспримут без лишнего волнения и возмущения, которое часто проявляется в них, даже когда их посещает служитель. Маленький томик евангельских утешений может оказаться весьма желанным подспорьем в томительные часы. Если сам больной не может читать, эту миссию сможет с радостью взять на себя его друг-христианин и таким образом донести животворные слова до изголодавшейся души[13].

Оставленная записка и материалы для чтения могут сослужить пациенту хорошую службу, когда замедляется время и иссякает поток посетителей.

Не пренебрегайте физическими прикосновениями, но знайте меру

Эффективное использование физических прикосновений не зависит от того, насколько вам лично важны объятия и физический контакт. С помощью уместного физического прикосновения часто можно проявить любовь и заботу, которую нельзя передать словами. У больных людей может легко развиться «синдром прокаженного». В I веке прокаженных изгоняли из городов. Они считались совершенно неприкасаемыми. Представьте себе, каково это, когда из-за физического недуга к тебе относятся как к отбросам, когда тебя не любят. У больных, особенно тех, кто находится в больничных условиях, легко может развиться подобное чувство отверженности. Поэтому один из наиболее

---

[13]   Ibid., 246–47.

эффективных способов помочь страждущему испытать любовь — прикоснуться к нему физически, например, взять его за руку, или прикоснуться к плечу или другой части тела, помочь ему физически сесть на стул. Эти действия помогут разрушить стены неуверенности в себе, растопят лед недоверия и откроют большие возможности для служения.

Здесь, конечно же, следует проявлять осмотрительность и разборчивость. Физическое прикосновение может вызвать неоднозначную реакцию. Именно поэтому американский пастор XIX века, наставивший немало других пасторов, Сэмюэл Миллер, обращаясь к тем, кто служит представителям противоположного пола, поделился такими соображениями:

> *Одним словом, при любом контакте с представителями противоположного пола проявляйте особую деликатность. Избегайте не только реальности, но даже видимости зла. И помните, что та самая уверенность в чистоте служителя, которую зачастую воспринимают как данность, может в одних случаях быть преимуществом, а в других (и очень часто) может оказаться настоящей западней[14].*

Поэтому, чтобы понять, какое прикосновение считать уместным, а какое нет, мы должны рассмотреть вопрос с нескольких сторон. Возраст, пол и вид наших отношений с человеком дают понять, как лучше взаимодействовать с ним. Например, мне вполне удобно держать за руку восьмидесятипятилетнюю вдову, которую я очень хорошо знаю, и которая воспринимает меня как своего внука. Однако

---

[14]   Цитируется по: James M. Garretson, *An Able and Faithful Ministry: Samuel Miller and the Pastoral Office* (Grand Rapids: Reformation Heritage, 2014), 346.

я бы чувствовал себя очень неудобно, если бы физически прикасался к близкой мне по возрасту женщине из нашей церкви (независимо от того, замужем она или нет). Физическое прикосновение может либо принести большую пользу, либо нанести большой ущерб. Будьте мудры в том, как вы используете этот инструмент.

Смотрите человеку в глаза

Мы редко замечаем, когда между собеседниками устанавливается здоровый, эффективный зрительный контакт, но как только зрительного контакта нет, нам сразу начинает его не хватать. Задумайтесь о том, насколько важно смотреть в глаза во время непринужденной беседы. Хороший зрительный контакт свидетельствует об интересе к собеседнику и к тому, что он говорит, в то время как отсутствие зрительного контакта означает, что собеседники не заинтересованы друг в друге, между ними есть напряжение, наконец, им просто скучно. В больничной палате подобные чувства становятся еще острее.

Однажды я навещал в больнице пожилую вдову. Она была очень встревожена и нервничала, даже когда кто-то навещал ее дома, поэтому можно представить себе, как ей было не по себе, когда посетитель видел ее с нечесаными волосами, без макияжа и неопрятной, словно она несколько дней не принимала душ. В течение визита я все время смотрел ей в глаза, потому что знал, что она не уверена в своей внешности. Я наблюдал, как рушились стены страха, когда я просто улыбался, тепло разговаривал с ней и всегда смотрел ей в глаза.

Здоровый зрительный контакт сразу дает понять собеседнику, что вы заинтересованы в нем и вам с ним комфортно.

Если вы навещаете человека в больнице или доме престарелых, он и так переживает о своем внешнем виде. Многие больные подключены к кардиомониторам или капельницам для внутривенного вливания питательных веществ или лекарств. Плохой зрительный контакт только усилит их и без того неуверенное отношение к своей внешности. Мы должны быть дисциплинированными и обращать внимание на то, смотрим ли мы в глаза любому собеседнику, особенно больным людям, которых посещаем.

Подготовьте свое сердце

Прежде всего, свое сердце нужно готовить к посещению больных не из долга, а из любви. Не стоит недооценивать их интуицию. Своим поведением мы часто показываем, что нами движет — долг или любовь. Этот вопрос мы должны сами исследовать в своем сердце. Пастор легко может угодить в ловушку, воспринимая посещение больных как часть своего рабочего штатного расписания, работы, для выполнения которой его наняла церковь. Пастор должен прилагать особые усилия, чтобы убедиться, что во время посещения больных им движет любовь и забота, а не долг и обязанность. Кертис Томас, делясь своим сорокалетним опытом пасторского служения, отмечает: «Посещая больных, мы ни в коем случае не должны создавать впечатление профессионалов, исполняющих свои рабочие обязанности. Если пациент чувствует, что мы здесь только для того, чтобы исполнить свой долг, а не из искренней заботы о нем, наше посещение может принести больше вреда, чем пользы»[15].

---

[15]   Curtis Thomas, *Practical Wisdom for Pastors: Words of Encouragement and Counsel for a Lifetime of Ministry* (Wheaton, IL: Crossway, 2001), 104.

Кроме того, мы должны подготовить сердце к восприятию того, что нам доведется увидеть и пережить. Помните, что мы можем навещать человека на смертном одре, а смерть всегда сопровождается неприглядными вещами. Мы можем увидеть кровь, трубки и иглы в самых немыслимых местах. Глубокая боль, учащенное дыхание, одышка и многие другие явления могут вызвать брезгливость даже у самого стойкого человека. Однако эти обстоятельства — отнюдь не причина не ухаживать за человеком. На самом деле эти сценарии — прекрасные данные Богом мгновения, которые могут заставить нас побудить свое сердце полностью полагаться на силу Святого Духа.

Наконец, мы должны не просто приготовить себя к этим трудностям, чтобы физически пережить визит и не потерять сознание во время посещения. Мы должны также подготовить свои сердца духовно. Прежде чем встретиться лицом к лицу с человеком, которого мы навещаем, мы должны продумать, какие следует прочесть тексты Писания; мы должны подумать о том, какие слова принесут ему ободрение и надежду. Все Божьи обетования, которыми мы хотели бы поделиться с посещаемыми, должны прежде всего наполнить радостью наши собственные сердца, поэтому мы должны напоминать их себе самим и верить в них. Та же интуиция посещаемых нами больных даст им понять, что эти слова и истины они принимают от человека, который сам на них уповает.

Заключение

Чарльз Сперджен по праву считается одним из самых одаренных, посвященных, блестящих и влиятельных проповедников и пасторов в истории. Большинство людей считает его таковым благодаря его пронзительным, четко изложенным, христоцентричным и проникнутым Евангелием проповедям, которые слышали и читали тысячи людей по всему миру. Однако часто многие упускают из виду его верность, проявленную им еще в самом начале его пасторского поприща.

В 1854 году, будучи всего двадцати лет от роду, Сперджен стал пастором церкви Нью Парк Стрит Чапел в Лондоне, которая позже стала всемирно известной Метрополитэн Табернакл. И года не прошло с тех пор, как Сперджен переехал в Лондон, как по британской столице прокатилась тяжелая эпидемия холеры. Сперджен так рассказывал о своих усилиях по уходу за больными в ужасающих условиях:

> *Весь день, а иногда и всю ночь, я ходил из дома в дом и встречался с умирающими. Как они были рады видеть мое лицо! В то время как многие опасались входить к ним в дом, чтобы не заразиться смертельно опасной болезнью, мы не боялись ничего подобного, поэтому нас всегда с радостью принимали и слушали, как мы говорили о Боге и о Христе[16].*

Какой это замечательный пример молодого, неопытного пастора, который боялся Бога больше, чем заразной болезни! Какой это личный пример для нас, пример жертвенной заботы, которую Сперджен оказывал с большим риском для себя! Он знал о том, насколько ценнее духовный плод, полученный у смертного одра.

---

[16]   C. H. Spurgeon, Susannah Spurgeon, and W. J. Harrald, *C. H. Spurgeon's Autobiography* (1899; repr., Pasadena, TX: Pilgrim Publications, 1992), 1:371.

Сперджен сделал посещение больных своим приоритетом. Даже будучи молодым пастором, Чарльз обладал явным для всех слышавших его даром проповеди, и ему поступало множество приглашений со всей страны. Однако Сперджен отложил все эти возможности служения: «Во время эпидемии холеры, хотя у меня было много других дел по всей стране, я предпочел остаться в Лондоне и отказаться от всех этих дел, чтобы посещать больных и умирающих»[17].

Даже в двадцатилетнем возрасте жизнь Сперджена требовала больших усилий, возможно, даже бóльших, чем у многих из нас, живущих в обществе, где занятость и суета проявляются гораздо больше, чем когда бы то ни было в истории. Пример Сперджена явно демонстрирует нам, какое значительное влияние может оказывать посещение больных. Однако, возможно, эта история еще лучше демонстрирует нам, насколько значимым было для Сперджена служение посещения больных, учитывая, на какие жертвы ему пришлось пойти. Великий проповедник особо подчеркивает то, что такое служение должно быть приоритетным не только у пасторов и служителей церкви, но и у «всех, кто любит души человеческие»[18].

Да даст нам Господь глубокую любовь к душам, особенно к душам тех, с кем мы находимся в одном завете перед Богом в одной поместной церкви. Общаясь друг с другом, любя, заботясь и ободряя друг друга, не будем упускать из виду тех, о ком легко забыть. Не будем забывать о тех, кто не так громко, как другие вызовы, требует нашего внимания, хотя и больше нуждается в нем. Давайте сами проявлять инициативу. Посещение больных само себя в наш еженедельный

---

17 Ibid., 1:372.
18 Ibid., 1:371.

график не впишет. Тем не менее будьте стойкими. Прилагая сознательные усилия в посещении больных и страждущих в церкви, мы можем быть уверены, что выполняем поставленную Самим Богом задачу, проявляем любовь и заботу о душах во имя Пастыреначальника. Также и в нас самих происходят изменения, Евангелие становится видимым, а Бог получает славу.

ГЛАВА 6
УТЕШАТЬ СКОРБЯЩИХ

*Итак, утешайте друг друга этими
словами (1 Фессалоникийцам 4:18).*

Больничная палата и похоронное бюро — лучшая аудитория для обучения пасторскому служению. Мне довелось держать за руки пожилых святых и молиться над ними, когда они отходили в вечность. Я смог одержать победу над некоторыми своими «врагами», потому что нашел время навестить их, когда они были в больнице. Я видел, как отчаяние сменялось надеждой, когда я сидел со скорбящей вдовой и говорил о Христе. Больничная палата и похоронное бюро предоставляют пасторам возможности для обучения, которые невозможно найти ни в одном другом месте. Смерть напоминает нам о нашей уязвимости и сокрушенности. Она помогает нашим сердцам избавиться от иллюзии непобедимости. Смерть вновь сосредоточивает наше внимание на вечном, когда мы ежедневно подвергаемся искушению жить временным. Она заставляет нас признать, что наша жизнь — лишь «пар, являющийся на малое время, а потом исчезающий».

К сожалению, мы стараемся обходить стороной те места, где могли бы научиться наиболее эффективно говорить с людьми о смерти: больницы, дома престарелых и похоронные бюро. Почему? Потому что в служении в таких местах нет ничего гламурного. Оно требует постоянного сердечного участия, которое многим не по душе. Общение с людьми в таких ситуациях становится бременем, и это бремя нести больно. Это служение не приносит общественного признания. Чаще всего никто даже не знает о таких посещениях, кроме Бога и самих посещаемых. Однако в этом и заключается призвание пастора. Пасторы обязаны заботиться о скорбящих. Но как? Как пастор может эффективно утешать и заботиться о тех, кто переживает боль утраты?

Утешайте людей, говоря им о библейских и духовных реалиях

Наш Бог есть Бог утешения (Пс. 22:4; 56:2). Он не прекращает заботиться о Своем народе и утешать его в трудные минуты. Можно сделать немало хороших выводов из ветхозаветных примеров Божьего утешения, но лучшими образцами сострадательной заботы о скорбящих являются примеры Христа и Его апостолов.

Иисус утешал скорбящих

Иисус утешал тех, кто скорбел о потере близких. Самый яркий пример мы видим, когда читаем, как Иисус пришел в Вифанию, чтобы утешить двух близких Ему людей — сестер Марию и Марфу, скорбевших об утрате своего брата

Лазаря. Мария и Марфа посылали за Иисусом, чтобы Он исцелил Лазаря, так как знали, что у Него есть на это сила, но Иисус намеренно задержался, позволив болезни довершить свое губительное дело, и Лазарь умер. Спустя несколько дней Иисус пришел на место его погребения:

> *Иисус, придя, нашел, что он уже четыре дня в гробнице. Вифания же была близ Иерусалима, стадиях в пятнадцати; и многие из иудеев пришли к Марфе и Марии утешать их в печали о брате их. Марфа, услышав, что идет Иисус, пошла навстречу Ему; Мария же сидела дома.*
>
> *Тогда Марфа сказала Иисусу: «Господи! Если бы Ты был здесь, не умер бы брат мой. Но и теперь знаю: все, чего Ты попросишь у Бога, даст Тебе Бог».*
>
> *Иисус говорит ей: «Воскреснет брат твой».*
>
> *Марфа сказала Ему: «Знаю, что воскреснет в воскресение, в последний день».*
>
> *Иисус сказал ей: «Я — воскресение и жизнь; верующий в Меня, если и умрет, оживет. И всякий, живущий и верующий в Меня, не умрет вовек. Веришь ли этому?»*
>
> *Она говорит Ему: «Так, Господи! Я верую, что Ты Христос, Сын Божий, грядущий в мир».*
>
> *Иоанна 11:17–27*

Иисус знал о глубокой скорби Марфы. Но при этом не стеснялся напомнить ей о том, Кто Он. Он утешал Марфу такими словами: «Я — воскресение и жизнь. Верующий в Меня, если и умрет, оживет. И всякий, живущий и верующий в Меня, не умрет вовек. Веришь ли этому?» (Ин. 11:25–26). Иисус провозглашал, что Он есть воскресение и жизнь.

В самые тяжелые моменты нашей скорби и печали, особенно когда речь идет о смерти, Он напоминает нам, что главным утешением для нашей души является истина о том, Кто есть Иисус перед лицом смерти.

В конце Своего обращения к Марфе Иисус задает вопрос: «Веришь ли этому?» Утешение нельзя найти в словах безосновательных надежд. Оно приходит от истинной и твердой веры в то, что Иисус и есть Тот, за Кого Он Себя выдает. Это не просто красивые слова; это истинная надежда, закрепленная в исторической реальности. Иисус победил смерть и обеспечил спасение тем, кто уверует в Него. Те, кто видел, как Он воскресил Лазаря из мертвых, могли воочию убедиться в том, что у Него есть власть над смертью. Вскоре эта же власть была явлена, когда Он Сам воскрес из мертвых на третий день после смерти.

Утешение, предлагаемое Иисусом, начинается с истины о том, Кто Он есть и что Он совершил, но на этом оно не заканчивается. В Евангелии от Иоанна мы читаем далее:

> Сказав это, пошла и позвала тайно Марию, сестру свою, говоря: «Учитель здесь и зовет тебя». Она, как только услышала, поспешно встала и пошла к Нему.
>
> <…>
>
> Мария же, придя туда, где был Иисус, и увидев Его, пала к ногам Его и сказала Ему: «Господи! Если бы Ты был здесь, не умер бы брат мой».
>
> Иисус, когда увидел ее плачущую и пришедших с ней иудеев плачущих, Сам восскорбел духом, и взволновался, и сказал: «Где вы положили его?»
>
> Говорят Ему: «Господи! Пойди и посмотри».

Иисус прослезился.

Тогда иудеи говорили: «Смотри, как Он любил его».

Иоанна 11:28–29; 32–36

Как мы уже заметили ранее, Иисус дает людям надежду, напоминая им о Своей сущности и подвиге, но при этом Он признает реальность боли, вызванной смертью. Иисус скорбит о страждущих и вместе с ними. Как мы прочитали в тексте Евангелия от Иоанна, Он «восскорбел духом», а затем «прослезился». У Иисуса, вероятно, было много причин прослезиться, но большинство комментаторов полагают, что Он действительно был возмущен реальностью смерти и последствиями, которые она приносит. Во-первых, смерть приводит к разлуке с близкими. И эта разлука приносит глубокое чувство утраты. Иисус скорбел о смерти Лазаря, хотя знал, что вскоре воскресит его из мертвых. Тем самым Иисус напомнил, что плакать и испытывать глубокую скорбь — это нормально, даже если мы твердо и с уверенностью держимся упования на воскресение. Не нужно стыдиться печали и скорби во время тяжелой утраты.

Павел утешал скорбящих

Встретив воскресшего Христа по дороге в Дамаск, апостол Павел обрел надежду, дарованную Иисусом. Он уверовал в Господа Иисуса Христа и был призван на апостольское служение. Он совершил несколько миссионерских путешествий, основал немало церквей по всему Средиземноморью и Малой Азии. Обращаясь в своем письме к верующим в Фессалонике, он утешал скорбящих братьев и сестер, объясняя им, что происходит, когда умирает христианин:

> *Не хочу же оставить вас, братья, в неведении об умерших, дабы вы не скорбели, как прочие, не имеющие надежды. Ибо если мы веруем, что Иисус умер и воскрес, то и умерших в Иисусе Бог приведет с Ним. Ибо это говорим вам словом Господним, что мы, живущие, оставшиеся до пришествия Господа, не опередим умерших, потому что Сам Господь при возвещении, при гласе архангела и трубе Божией, сойдет с неба, и мертвые во Христе воскреснут прежде; потом мы, оставшиеся в живых, вместе с ними восхищены будем на облаках для встречи с Господом в воздухе, и так всегда с Господом будем. Итак, утешайте друг друга этими словами.*
>
> *1 Фессалоникийцам 4:13–18*

Павел ставил перед собой ясную цель: он не хотел оставить фессалоникийских верующих «в неведении». Он желал ободрить братьев напоминанием о том, что происходит с верующими после смерти. Он ясно говорил, что всякий, умерший во Христе, со Христом и воскреснет в Его пришествие. Причем это касалось как тех, кто был бы жив ко времени возвращения Христа, так и тех, кто бы уже к тому времени умер. Тот, кто знает это, тоже скорбит, но эта скорбь основана на надежде, а не на отчаянии, как у неверующих. Христиане в Фессалонике должны были верить этим словам и говорить их друг другу для ободрения и утешения (1 Фес. 4:18).

С помощью этого увещания Павел хотел научить нас, что истинное утешение основано не только на вере в сущность Иисуса, но и на понимании Божьего замысла относительно будущего, в частности воскресения, которое Он для нас гарантировал.

Я бы хотел еще раз подчеркнуть, что истинное утешение можно найти не в ложных чувственных словах, не в клише и банальных истинах. Истинное утешение приходит от твердой веры в истинные слова об Иисусе и Его деле. Как мы уже видели, когда мы утешаем других людей с помощью этих истин, нам вовсе не обязательно скрывать свое горе или показывать ложную непреклонность. Утешать — значит быть вместе со скорбящими, плакать с плачущими и провозглашать Христа, Который есть воскресение и жизнь.

Как утешать на похоронах

Пастору всегда нужно к чему-то готовиться. Если он не проповедует, значит, готовится к проповеди. Если он не ведет собрание, значит, готовится к его проведению. Проповеди и собрания занимают свое четкое место в календаре служителя. Чтобы случайно не пропустить собрание или встречу, можно поставить себе напоминание. С похоронами так не получится. Они случаются внезапно, без предупреждения, и в календарь их заранее не впишешь. Подготовиться к ним сложно по двум причинам.

Во-первых, похороны, как правило, требуют очень быстрой организации. Смерть приходит тогда, когда мы меньше всего этого ожидаем, и часто в неудобное время. Обычно у пастора есть от двух до пяти дней на подготовку к похоронам. Поэтому похороны вклиниваются в недельный распорядок, а ранее запланированные встречи необходимо сместить на другое время. Пастору сразу же приходится решать, какие задачи нужно выполнить в первую очередь, а какие отложить. Некоторые из них следует детально продумать заранее, задолго до телефонного звонка. Подготовка к похоронам начинается с того, что пастор верно заботится о Божьем стаде.

Вторая проблема заключается в том, что каждые похороны уникальны. Необходимо погрузиться в жизнь семьи усопшего, понимая, что теперь она, в результате постигшей семью утраты, изменилась навсегда. В каждой семье есть свои напряженные и сложные моменты, и в скорбный час все эти особенности могут обостриться. Находясь вместе с родственниками усопшего, пастор в скором времени может начать испытывать эмоциональное и умственное истощение. В любом случае, как бы мы ни были подготовлены или неподготовлены, очень важную роль играет зависимость от Господа. Отправляясь на похороны в качестве посланника Христова, мы должны напоминать себе, что наша задача — показать, что во всех наших делах Он занимает первое место.

Организация предпохоронных мероприятий

Планируйте прибыть в похоронное бюро за пятнадцать-тридцать минут до начала траурной церемонии. Это позволит вам поприветствовать семью, встретиться с распорядителем похоронного бюро и убедиться, что с тех пор, как вы разговаривали в последний раз, планы не изменились (ведь они часто меняются). Кроме того, раннее прибытие может предотвратить один из самых неловких моментов в вашем служении — опоздание на похороны (поверьте мне, я знаю, что это такое). Сообщите распорядителю похорон, как вы поедете на кладбище: заранее с ним или с остальной процессией самостоятельно. Убедитесь, что все участвующие в похоронах присутствуют на месте и готовы принять участие согласно оговоренному плану. В идеале вы должны встретиться со всеми участниками за несколько минут до начала служения, чтобы обсудить детали и помолиться о том, чтобы Господь пробудил их души к действию Евангелия и утешил скорбящих. Наконец, убедитесь, что служение начинается вовремя. Многие люди приходят пораньше, ожидая, что служение начнется своевременно, согласно оговоренному расписанию. Конечно, бывают и исключения, но вы должны убедиться, что распорядитель траурного мероприятия поможет вам, а не будет препятствовать своевременному началу служения.

Некоторые похоронные бюро предпочитают закрывать гроб до начала службы. Существуют разные традиции, и порядок церемонии может быть различным. Например, служителя могут попросить встретиться для молитвы с семьей до начала похоронной службы. Часто, если гроб уже находится в траурном зале, сам служитель закрывает гроб до того, как в зал войдет семья. В других традициях тело покойного находится в специально отведенной для этого семейной комнате, где пастор молится вместе с родственниками, а затем членов семьи уводят в зал, где проходит служение. Тем временем служитель остается в семейной комнате, где стоит гроб, и ожидает, пока гроб закроют помощники. Затем он сопровождает гроб, который вносят в зал для траурных церемоний, где будет проходить служение, и предлагает всем присутствующим встать в знак уважения к усопшему. Здесь имеет значение не сама традиция и порядок проведения тех или иных действий, а то, что вы вместе с распорядителем действуете согласно единому плану. В каждом похоронном бюро распорядок может отличаться, поэтому убедитесь, что вы знаете план действий.

Траурное служение

Планируя траурное богослужение, всегда есть о чем подумать. Вероятнее всего, вы подготовили материал и спланировали ход служения. Твердо стойте на принятых решениях. Проводя похоронное служение, следите за тем, чтобы во всем были явлены Христос и Его спасительный подвиг. Молитесь с сочувствием. Произносите траурную проповедь так, как бы вы хотели, чтобы она прозвучала на ваших похоронах. Зачитывайте Божье Слово, зная, что оно «живо, и действенно, и острее всякого меча обоюдоострого: оно проникает до разделения души и духа, суставов и мозгов и судит помышления и намерения сердечные» (Евр. 4:12). Увещевайте скорбящих, памятуя, как это увещание было полезно вам. Проповедуйте Евангелие и призывайте слушающих к покаянию, зная, что вера от слышания Слова о Христе (Рим. 10:17). Наконец, доверьтесь Богу, чтобы Он Духом Своим совершил могущественный труд по Своему совершенному благоволению.

Первые слова на траурном богослужении могут показаться такими же неказистыми, как и первые слова, которые мы говорим родственникам, только что понесшим утрату своего близкого. Аудитория, собравшаяся на церемонии, скорее всего, будет более внимательной, чем на обычном воскресном богослужении. Этой возможностью следует воспользоваться, поэтому нужно особо тщательно подбирать слова, ведь они будут задавать тон всему служению. Всегда старайтесь, чтобы Бог говорил прежде вас самих. Каждый присутствующий и так задает вопрос: «Боже, почему?» Подберите такой текст из Писания, который пробьет броню вопросов, печали и скептицизма и провозгласит неизменный характер нашего великого Бога.

Божьи слова всегда окажут более сильное, глубокое воздействие и будут звучать убедительнее, чем наши собственные. С самого начала прочтите вслух из Слова Божьего и позвольте Богу убрать все сомнения. После краткого приветственного вступления, в котором следует объяснить, зачем вы все собрались, ход остального богослужения должен сосредоточиться вокруг пяти основных сфер, и в каждой из них должно четко провозглашаться Евангелие: молитва, музыка, чтение Писания, поминальная речь и проповедь[19].

Этими же основными принципами, хотя и с определенными коррективами, можно руководствоваться при подготовке похоронного служения по умершим неверующим. В таких случаях Евангелие также следует доносить ясно и понятно. Однако, когда речь идет о духовном состоянии умершего, необходимо проявлять осмотрительность. Если вы начнете в своей проповеди говорить, что умерший осужден и обречен на ад, вы не добьетесь никакой пользы, к тому же в этом не будет любви. Однажды я услышал совет, который считаю лучшим в контексте проведения похоронных мероприятий по умершим неверующим или тем, кто лишь номинально исповедовал веру: не нужно своей проповедью затаскивать

---

[19] Детальное изложение порядка и пяти основных элементов похоронных мероприятий можно найти в книге Брайана Крофта «Проведение похорон во славу Евангелия» (Brian Croft and Phil Newton, *Conduct Gospel-Centered Funerals,* Grand Rapids: Zondervan, 2014, 42–48). [Очевидно, что порядок похоронных мероприятий в разных странах и культурах отличается, и для русскоязычного читателя некоторые из объяснений в этой главе могут показаться непонятными, хотя главные библейские принципы остаются незыблемыми. — *Прим. пер.*]

умершего ни в рай, ни в ад. Просто проповедуйте Евангелие собравшимся там живым[20].

Помните, что вы не Бог. Вы не можете с уверенностью знать окончательное духовное состояние человека. Этот вопрос вообще не должен быть в центре внимания на похоронах, где нет четкого разграничения этих реалий. Траурное богослужение предназначено для присутствующих, для тех, кто страдает и скорбит. Проповедуйте Евангелие, разделите с ними скорбь и дайте им надежду на Христа.

Порядок послепохоронных мероприятий

После завершения богослужения пастор, как правило, стоит у гроба, в то время как распорядитель похорон дает указания, каким будет порядок дальнейших действий. Я считаю полезным стоять у изголовья гроба, чтобы, с одной стороны, не загораживать выход, а с другой — быть доступным для тех, кто хотел бы вас поприветствовать. Однажды я проводил похороны вместе с пастором, который по окончании службы встал не у изголовья гроба, а в дверях, через которые должны были выходить все присутствующие. Сам я стоял у изголовья гроба и наблюдал множество неловких моментов, о которых тот пастор, к сожалению, не знал. Не удивляйтесь и не обижайтесь, если кто-то не подойдет к вам и не поприветствует. Часто присутствующие проходят вперед, чтобы поприветствовать скорбящую семью, а затем идут к гробу проститься с усопшим. Тем не менее будут и те, кто захочет поприветствовать вас. Будьте доброжелательны. Говорите с теплом и расположением.

---

[20] Впервые я услышал этот совет от своего наставника Марка Девера. Не знаю, он ли является его изначальным автором.

Самые ободряющие отзывы в свой адрес я слышал именно в такие минуты. Наверное, самый ободряющий комплимент в подобной ситуации я услышал на похоронах одного неверующего человека, когда кто-то из присутствующих подошел ко мне и сказал: «Спасибо, что вы так ясно изложили Евангелие».

После того, как все гости вышли из зала, у членов семьи остается последняя возможность проститься с усопшим близким перед закрытием гроба (если он все еще был открыт). Оставайтесь в зале, но отойдите от гроба, чтобы у семьи было время и пространство. Ваше присутствие рядом в эту минуту, как правило, является для семьи источником большой поддержки. Согласно обычному протоколу после этого близких родственников усопшего выводят на улицу, а распорядитель похорон закрывает дверь в зал, после чего закрывает крышку гроба. Это позволяет избежать ненужных травм членов семьи, которым было бы тяжело видеть, как закрывают гроб. Пастору желательно остаться в этот момент в зале не только для того, чтобы наблюдать за процессом, но и чтобы сопроводить гроб с телом к ожидающему рядом катафалку.

По сигналу распорядителя похорон выходите через двери из зала впереди гроба и ожидайте, пока обслуживающий персонал погрузит гроб с телом в катафалк. После этого я бы рекомендовал пройти к ведущему автомобилю, в котором будет ехать распорядитель похорон (предпочтительнее, чтобы вы ехали в одной машине), или вы можете сесть в свою машину, а сотрудник похоронного бюро укажет вам место в похоронной процессии. Во время медленного проезда процессии на кладбище у вас, несомненно, будет соблазн сделать попутно какие-либо дела. Но я бы рекомендовал потратить это время на установление отношений с распорядителем из похоронного бюро.

Служение на кладбище

Прибыв на место погребения, подойдите к катафалку сзади, поскольку именно вы будете сопровождать гроб к могиле. Обычно место захоронения обозначено каким-то визуальным знаком, который легко заметить. Однако если вы сомневаетесь в том, куда именно везти гроб, вы можете спросить об этом у распорядителя. Будьте осторожны во время этой процессии, ведь идти вам придется по неровной земле, лавируя между могилами, чтобы добраться до свежевыкопанной могилы, которая будет последним пристанищем для усопшего. До того момента, как опустят гроб, вам лучше стоять у изголовья.

Я не сторонник продолжительных церемоний на кладбище. Несколько минут назад вы уже провели полноценное траурное богослужение. Члены семьи и так, скорее всего, находятся на грани эмоционального истощения, а погодные условия во время погребения зачастую далеки от комфортных. Пасторская часть церемонии погребения должна длиться не более пяти минут. Имейте в виду, что за вашей частью может последовать отдание военных или гражданских почестей. Эти церемонии могут быть довольно продолжительными, в зависимости от того, какие награды и регалии были у покойного.

Наша цель во время церемонии погребения — еще раз провозгласить надежду во Христе, о которой мы проповедовали на траурном богослужении. Я считаю, что для погребальной речи достаточно вступления, чтения вслух текста из Писания и заключительной молитвы, отражающей прочитанный отрывок. Если усопший был верным христианином, то для ободрения и утешения верующих можно прочитать тексты из 1 Фессалоникийцам 4:13–18 и 1 Коринфянам 15:50–58, провозгласив истину, что это тело, предаваемое земле, однажды воскреснет, чтобы вечно быть со Христом. Для погребения усопших, чье духовное состояние на момент смерти менее ясно, подойдет чтение текста, в котором утешение имеет более общий характер (Пс. 22). В заключительной молитве вы можете передать духовную истину о том, что настоящее утешение от Бога приходит от упования на жизнь, смерть и воскресение Его Сына. Завершает погребальную церемонию обычно распорядитель из похоронного бюро.

Независимо от обстоятельств, донесите до собравшихся пронзающую сознание истину, которую высказал однажды великий пуританин Джон Флавел: «Итак, если вы ожидаете мира или покоя в обители смерти, обретите единство со Христом. Кто со Христом, тот и в могиле будет чувствовать себя удобно»[21].

Здесь мне хотелось бы отметить еще один момент. Сегодня все большее число людей предпочитают погребению кремацию. Причины тому разные: удобство для членов семьи, ограниченный бюджет, проживание в местности, где место на кладбище найти очень трудно, и многие другие факторы. В случае кремации погребальная церемония, как правило, не проводится. Нет физического тела, на которое можно было бы смотреть, о котором можно было бы скорбеть и которое было бы предано земле. По окончании траурного богослужения все просто расходятся по домам.

---

21   John Flavel, Sermon 37 in "The Fountain of Life," in *The Works of John Flavel* (Carlisle, PA: Banner of Truth, 1997), 1:466.

Тем не менее в таких случаях по окончании обычного траурного богослужения вполне уместно применить те же самые принципы для проведения погребальной церемонии, о которых мы говорили выше. Они могут заложить основу для будущего служения.

Послепохоронное пасторское душепопечение

Прежде чем покинуть место захоронения, будьте готовы поделиться словами утешения с родными и близкими усопшего и проявить к ним пастырскую заботу. Не торопитесь уходить, дайте возможность пообщаться с вами. Помните, что присутствующие там переживают горе. Возможно, именно в это время кто-то спросит вас о чем-то, что коснулось его в вашей проповеди. Возможно, конкретно этому человеку Господь открыл Свою истину и пробудил в нем потребность во Христе. Не стоит недооценивать возможности для благовестия, которые Господь может открыть в эти мгновения перед вашим уходом. Держите при себе визитную карточку или будьте готовы поделиться своими контактами с родственниками или знакомыми усопшего, которые, возможно, пожелают в дальнейшем встретиться с вами.

После непродолжительного общения с родственниками на кладбище, подойдите к самым близким усопшего. Зачастую это дает им возможность выразить вам благодарность за проведение траурных мероприятий, за то, что вы послужили им в этот день. Обязательно отдайте дань уважения и выразите соболезнования. Скажите, что всегда готовы в будущем оказать им помощь. Скорее всего, в этот конкретный момент они не примут вашего предложения, но этот добрый жест с вашей стороны может дать им еще одно утешение. Кроме того, он оставляет открытой дверь для будущего служения с ними, даже если они не члены вашей церкви.

Запланируйте связаться с ближайшими членами семьи покойного в течение следующего месяца, чтобы узнать, как у них дела, особенно если они посещают вашу церковь. Скорбь после утраты не уходит в одно мгновение. Верьте, что через вас и ваши слова Господь будет действовать на протяжении всего траура. Когда жизнь вернется в привычное русло, истины, которые вы проповедовали, скорее всего, пустят корни и принесут свои плоды. Позвоните семье. Навестите их. Спросите, как у них дела. Спросите, как они переживают это скорбное время, получается ли у них скорбеть с надеждой и упованием. Если это верующие люди, спросите, как Христос утешил их. Если же нет, узнайте, задумывались ли они о евангельских истинах за время, прошедшее после похорон. Спросите, можете ли вы сейчас им чем-то быть полезным.

Привлекайте других членов церкви к участию в душепечении после похорон. Тогда члены семьи умершего будут чувствовать, что о них заботится все Тело Христово, а не только пастор. Зачастую после тяжелого труда по сеянию доброго евангельского семени во время похорон плоды приходят уже по прошествии нескольких недель, а иногда и месяцев. Постарайтесь присутствовать при сборе урожая.

Наконец, перед уходом попрощайтесь с распорядителем похорон. Обязательно выразите ему признательность, если он хорошо справился со своей работой и сделал траурную церемонию менее обременительной для вас. Не забывайте, что распорядитель также служил этой семье и надеялся, что они чувствовали заботу и с его стороны. Поблагодарите его, если это уместно. Предложите свою помощь в будущем, потому что все похоронные бюро ищут пасторов на замену, в случае если на похоронах не хватает служителя.

Заключение

Похороны и все сопутствующие траурные мероприятия содержат в себе настолько много деталей, логистических вопросов, организационных моментов и так далее, что нередко бывает, что пастор, подготовив все свои проповеди, спланировав весь ход служения, расставив всех и все по местам, проверив все детали процессии, вдруг осознает, что упустил один важнейший момент: сердце пастора. Не дайте себя поработить, не поддавайтесь тирании подготовки к похоронам, чтобы потом стоять во время траурных мероприятий с пустым, истощенным и черствым сердцем. Не стоит недооценивать эмоциональное и умственное напряжение, которое переживает пастор, утешая скорбящих во время подготовки и проведения похорон. Обратите внимание на три сферы, в которых пастор должен приложить усилия, готовя к траурным мероприятиям свое сердце, разум и душу.

1. Приготовьтесь к неожиданностям. Когда вам кажется, что вы уже все видели, следующие похороны показывают, что это не так. Даже если во время похорон вы уже были свидетелем драк, арестов, неконтролируемого плача, обмороков членов семьи и обслуживающего персонала, если вы видели, как падают или опрокидываются гробы, если слышали крики или разбирали конфликты между членами семьи и распорядителями похорон, если видели похоронные наряды, которые вгоняли в краску большинство людей, это совершенно не значит, что в следующий раз не случится чего-либо еще похлеще. Поэтому будьте готовы к *любому* развитию событий. Приготовьтесь услышать самый безумный отклик на свою проповедь. Приготовьтесь увидеть членов семьи в их наихудшем состоянии. Если вы будете готовы, то сможете не потерять самообладания и будете действовать мудро, когда случится непредвиденное.

2. Приготовьтесь провозглашать Божье Слово. Несмотря на множество административных и организационных задач, которые вам придется выполнять и координировать, вы не консьерж на похоронах. Вы служитель Божьего Слова и проповедник Евангелия Иисуса Христа. Во всех отношениях приготовьте свое сердце, разум и душу, чтобы, представ перед людьми в начале траурного богослужения, вы могли нести Божье Слово, доверяя, что через него Бог будет совершать великие дела.

3. Приготовьтесь нести надежду Христа. Вы здесь не для того, чтобы разрешать семейные конфликты или научить похоронное бюро более слаженной работе. Ваша главная задача — каждому человеку ясно показать, что, благодаря Христу, у него есть надежда на прощение грехов и победу над смертью. Вы можете лучше подготовиться, подумав о том, кто будет присутствовать на траурном богослужении. Подумайте, какие вопросы вы могли бы задать членам семьи, чтобы оценить их духовное состояние во время беседы с ними. Составьте вопросы таким образом, чтобы в них звучали слова, которыми вы приготовились поделиться, чтобы в ходе беседы могли раскрыться возможности для благовестия.

На протяжении всего процесса вам придется исполнять роль администратора и координатора. Эти навыки послужат подспорьем, когда вам придется вникать во все детали и требования, сопровождающие похороны. Тем не менее прежде всего вы пастор и евангелист, которого Пастыреначальник призвал готовить и проводить похороны как «умирающего, проповедующего умирающим»[22]. Готовьте и проводите похороны с пониманием, что находящиеся в трауре люди страдают и жаждут участия и заботы. Напоминайте им о том, как важно взирать на Иисуса, ведь Он их единственная надежда.

---

[22] Richard Baxter, *The Practical Works of the Rev. Richard Baxter* (London: Paternoster, 1830), 1:121.

ГЛАВА 7

ПОЧИТАТЬ ВДОВ

Вдов почитай — истинных вдов
(1 Тимофею 5:3).

Мы не раз были свидетелями захватывающих и ободряющих примеров того, как действует Иисус Христос в Своей церкви посредством Духа Своего. Мы видим, как восстанавливается библейская проповедь. Поместные церкви серьезнее относятся к членству, восстанавливают практику церковной дисциплины. Звучит ясная проповедь Евангелия, ведется целенаправленная работа по обучению новообращенных основам веры. Церкви начинают плодотворное служение милосердия, активно заботясь о бедных, усыновляя сирот, помогая бездомным, страждущим и угнетенным. Господь продолжает созидать Свою церковь в наши дни, и это лишь некоторые из многочисленных признаков того, что Он действует.

Однако есть несколько сфер, в которых восстановление идет не так быстро, как хотелось бы, а иногда его и вовсе не видно. Бывает так, что служение милосердия в церкви уже приносит видимый плод: церкви явно заботятся о сиротах, бедных и угнетенных, равно как и о некоторых других категориях обездоленных. Но есть заметное исключение. Когда вы в последний раз слышали, чтобы кто-то говорил о важности заботы о вдовах?

Кому-то может показаться странным, что в книге о пасторском служении этому вопросу посвящена целая глава. Но если это кому-то кажется странным, то проблема, по моему мнению, кроется скорее в наших культурных приоритетах. Поэтому цель, которую я здесь преследую, — выявить, какие повеления дает Библия пасторам и Божьему народу в целом относительно заботы о вдовах, а затем дать несколько практических советов, как пасторам и служителям церкви наиболее эффективно совершать это служение.

Забота о вдовах: действительно ли к этому призывает Библия?

Сегодня многие вдовы в церкви находятся в пренебрежении. О них просто забывают. Конечно, есть исключения, но вряд ли кто-то осмелится возразить против того факта, что наша культура зациклена на молодежи. Большая часть евангельской церкви, похоже, не знает о библейском призыве заботиться о вдовах, даже если и поддерживает служение сиротам и бедным. Даже среди церквей, которые признают вдов как отдельную группу, упомянутую в Писании, многие по-прежнему не считают это служение приоритетным.

Божье желание

В своем труде Остин Уокер не только дал определение вдовы, но и наилучшим образом описал, что означало вдовство в Израиле в библейские времена, и замечательно сформулировал уникальные проблемы, с которыми тогда сталкивались вдовы:

> *Вдова — это замужняя женщина, у которой умер муж, и она осталась без его попечения. В Библии неоднократно описаны случаи, когда вдова, оставшись одна после смерти супруга, носила траур, испытывала горе и чувство опустошения, разочарования, горечи, одиночества и беспомощности. Потеря мужа зачастую становилась социальной и экономической трагедией. Иногда (хотя и не всегда) утрата основного источника финансовой поддержки заставляла таких женщин влезать в долги и жить в нищете. Став вдовой, женщина делалась особо уязвимой. Библия часто ставила вдову в один ряд с пришельцами (то есть странниками, у которых не было своей земли) и сиротами (например, Исх. 22:21–22; Втор. 24:17–21). Участь ее становилась еще тяжелее, если у нее не было трудоспособных детей, которые бы помогали ей обрабатывать землю умершего мужа. В связи с таким образом сложившимися обстоятельствами вдовы часто оказывались на периферии общественных отношений. Поэтому неудивительно, что в древнем Израиле считалось, что они нуждаются в особой защите[23].*

На протяжении всего Ветхого Завета мы читаем о важности заботы о вдовах среди Божьего народа. Бог обещал заботиться о Своем избранном народе Израиле, но особые обещания Он дал о конкретных людях — о тех, у кого были особые потребности. К ним нужно было проявлять особое

---

23 Brian Croft and Austin Walker, *Care for Widows* (Wheaton, IL: Crossway, 2015).

попечение. Псалмопевец говорит, что Господь — «Отец сирот и защитник вдов» (Пс. 67:6). Сироты и вдовы занимали особое место у Бога в сердце, и этот факт отражен во многих местах первых пяти книг Библии. Эта забота ярко выражена в отдельных ветхозаветных повествованиях. В Книге Руфь мы видим, как Бог позаботился о бездетной вдове по имени Руфь. Он дал ей искупительную благодать, даровав ей замужество с Воозом. Тем самым она вошла в прямую родословную царя Давида и, в конечном счете, Мессии, Иисуса Христа. Пророк Иеремия говорит о Божьей заботе о вдовах, в том числе о представительницах других народов. Говоря об Эдоме, Иеремия передает Божьи слова: «Оставь сирот твоих, Я поддержу жизнь их, и вдовы твои пусть надеются на Меня» (Иер. 49:11).

Это лишь несколько примеров Божьего сострадания по отношению к тем, кто столкнулся с тяжелой утратой. В ниспосланном израильтянам законе Бог прямо призывает Свой народ заботиться о чужеземцах, сиротах и вдовах (Втор. 24:19).

Призвание Церкви

В Деяниях мы читаем о нескольких ключевых событиях в ранней церкви, которые помогают нам понять, как первые последователи Христа воплощали в жизнь ветхозаветное повеление заботиться о вдовах. Насколько приоритетным было это служение для учеников? Может быть, они отдали предпочтение другим заботам?

Один из ярчайших примеров их подхода к заботе о вдовах можно заметить в Деяниях 6:1–7. Апостолам стало известно, что некоторые вдовы в церкви не получают должной заботы. Признав, что это важная проблема, они поручили руководителям церкви назначить семь благочестивых мужей, исполненных Святого Духа, чтобы те взяли на себя заботу о вдовах. Я не раз слышал, как пасторы используют этот текст для обучения лидеров или чтобы дать представление о разных служениях в церкви, а также о роли пасторов и дьяконов (1 Тим. 3:1–14). Однако во время цитирования этих стихов зачастую упускают из виду практическую задачу, поставленную перед этими исполненными Духом людьми. Их первостепенная задача, главная обязанность, заключалась в том, чтобы обеспечить распределение помощи среди вдов, особенно тех, кем пренебрегали в ежедневной раздаче пищи. Лука посчитал нужным записать в Деяниях Апостолов этот эпизод, чтобы мы знали и понимали, что происходило в ранней церкви. Очевидно, что в ранней церкви забота о вдовах была приоритетным служением.

По мере роста и распространения влияния церкви в других культурах не случилось ли так, что приоритет заботы о вдовах отошел на второй план? В письме Тимофею Павел просит верного ученика следить за тем, чтобы церковь продолжала проявлять инициативу и прилагать усилия в заботе о вдовах (1 Тим. 5:3–16). На самом деле, в этой главе Павел преимущественно дает подробные наставления о том, как это делать. Он объясняет, кого следует считать истинной вдовой, рассматривает различные обстоятельства, с которыми могут столкнуться вдовы, и дает советы о том, как церковь должна прилагать усилия в попечении о вдовах в подобных ситуациях. Павел хотел, чтобы Тимофей не забывал, что забота о вдовах по-прежнему является важнейшим приоритетом для церкви. В таком случае разве мы имеем право пренебрегать сегодня этим приоритетом?

О важности этого служения, помимо Павла и Петра, пишет и Иаков. В своем послании он дает такое определение подлинного богоугодного благочестия: «Чистое и непорочное благочестие пред Богом и Отцом есть то, чтобы призирать сирот и вдов в их скорбях и хранить себя неоскверненным от мира» (Иак. 1:27). Он обращает внимание на практические проявления христианской жизни, отражающие истинную веру и подлинное благочестие перед Богом, и среди них забота о вдовах и сиротах выступает главнейшим приоритетом.

Любой пастор, провозглашающий Евангелие Господа Иисуса Христа, должен прислушаться к этим заповедям и стремиться активно заботиться о вдовах. Но что это значит? Как пастору участвовать в этом служении?

Несколько подсказок пасторам по служению вдовам

В Библии нет недостатка примеров Божьей заботы о вдовах. Писание также изобилует заповедями Христовыми для церкви, высказанными через апостолов, о том, что нужно служить вдовам. Однако даже многие библейски сведущие пасторы почему-то не видят эти повеления или, возможно, не знают, как практически послужить нуждам вдов. Они не осознают, как на этих женщин накатывают волны одиночества и отчаяния на разных стадиях горя после смерти мужа. В служении вдовам вам пригодится любая помощь. Предлагаю несколько подсказок, которые помогут вам подготовиться к тому, чтобы эффективно и инициативно служить вдовам с учетом уникальных проблем, с которыми им приходится сталкиваться[24].

Служите Словом

Начиная общение со вдовой, вы, как пастор, можете объяснить ей библейскую истину о том, что Бог желает позаботиться о ней. Прочитайте ей несколько отрывков, где написано именно о Божьей заботе, включая места Писания, где говорится о конкретных нуждах и проблемах, а затем обязательно помолитесь об этих нуждах. Во время подготовки выберите несколько отрывков, где говорится об одиночестве и отчаянии, которые может испытывать вдова. Спросите, как у нее дела. В зависимости от ее ответов вы сможете понять, чем еще можно поделиться. Лично мне помогает деление разных библейских текстов на пять категорий. Рассмотрите каждую из этих категорий и подумайте, какие стихи могут оказаться наиболее уместными в конкретной ситуации:

- **Тексты утешения, особенно для вдов:** Псалмы 22; 27; 33; 45; 61; 67:6; 112; Иеремии 49:11; Евреям 4:14–16.
- **Тексты о Божьей целенаправленной заботе о вдовах:** Второзаконие 16:11; Руфь 1–4; 3 Царств 17; Псалом 145:9; Плач Иеремии 1:1–2; Луки 7:12–13; Деяния 6:1–7; 1 Тимофею 5:1–10.
- **Тексты, лаконично раскрывающие суть Евангелия:** Иоанна 11:25–26; Римлянам 5:6–11; 2 Коринфянам 5:17–21; Ефесянам 2:1–10.

---

[24] Большая часть практических рекомендаций, которые вы найдете в этой главе, более подробно будут рассмотрены в книге Брайана Крофта и Остина Уокера «Забота о вдовах». Ее выход ожидается в ближайшее время.

- **Тексты о цели страданий для верующего:** 2 Коринфянам 12:7–9; Иакова 1:2–4; 1 Петра 1:6–7; 4:12–19.
- **Тексты о реальности вечной жизни со Христом и надежде на нее:** Иоанна 10:27–30; 14:1–3; Филиппийцам 1:21–23; 1 Петра 1:3–5.

Держа в памяти эти тексты или хотя бы ссылки на них, вы сможете лучше подготовиться к тому, что вам придется столкнуться с целым букетом эмоций, которые переживают вдовы, — от скорби до гнева. Прежде всего, не забудьте всегда иметь при себе Библию. Какой бы текст вы ни выбрали для этого момента, молитесь в соответствии с истинами этого отрывка. Тогда во время молитвы вы повторите библейские истины, о которых только что прочитали, и сосредоточитесь на словах, которые останутся в сердце и уме этой страдающей вдовы после того, как вы покинете ее дом.

Слушайте и учитесь

В этом не было никакого секрета. Все знали, что миссис Тилли Робертс принадлежала к числу моих любимых вдов. Тилли Робертс дожила до 106 лет и умерла всего за три месяца до своего следующего дня рождения. Даже в последние дни ее жизни она сохраняла ясность ума. До 103 лет она сама добиралась до церкви. Овдовев, она прожила в своем доме одна более сорока лет и больше не выходила замуж. Не раз, заходя в продуктовый магазин, она случайно сталкивалась с моей женой и четырьмя нашими детьми, неизменно приветствовала их и никогда не забывала их имена и дни рождения! Она любила Иисуса. Она любила нашу церковь. Она всегда была добра и поддерживала меня в пасторском служении. Эта женщина была удивительной.

За все эти годы я очень многому научился у Тилли. Одним из самых главных уроков было умение *слушать* и *учиться*. Я всегда увлекался историей, а эта сестра прожила почти в четыре раза дольше меня! Прекрасная опытная христианка, у которой многому можно было научиться.

Слушайте

Ухаживая за вдовой, особенно когда вы посещаете ее на дому, для начала выслушайте ее историю. Расспросите ее о жизни. Пусть она расскажет о своем детстве. Спросите о ее жизни с мужем. Спросите, а потом слушайте. Спросите, как они познакомились и как она поняла, что должна выйти за него замуж. Спросите о первых годах их брака и финансовых трудностях, с которыми они сталкивались в разные периоды жизни. Спросите, а потом слушайте. Спросите ее о детях и внуках, о том, как они вовлечены в ее жизнь. Спросите о том, как они с мужем зарабатывали на жизнь, где они побывали, где жили. Расспросите о ее доме; пусть она проведет вам экскурсию и поможет погрузиться в ее мир. Декор в ее доме, скорее всего, символизирует что-то особенное и важное. Внимательно слушайте, что она говорит.

Обязательно прислушайтесь к рассказу о ее духовном пути. Спросите о ее жизни со Христом. Спросите, как она уверовала, как и когда осознала свою нужду в Иисусе. Слушайте и радуйтесь. Спросите ее о церкви, в которой она выросла, и о том, как она оказалась в той церкви, где вы сейчас служите пастором. Спросите и слушайте. Спросите, какие библейские тексты имеют для нее наибольшее значение.

Спросите о духовных наставниках, кто вел ее по пути со Христом, и почему эти отношения были столь значимы для нее. Спросите ее о страданиях и о том, как через них укреплялась ее вера. Спросите и слушайте внимательно. Спрашивайте и слушайте. Слушание — это ценный дар, который позволит ей почувствовать, что ее жизнь действительно имеет ценность для Бога, и вспомнить все, что Господь сделал для нее. Это даст ей силы пережить траур, а вам — шанс узнать о ее жизни и ближе познакомиться с ней.

Учитесь

Чему мы можем научиться, слушая вдов? Вряд ли что-то может дать бóльшую ясность и помочь понять смысл жизни, чем тяжелая утрата, особенно если это утрата близкого человека — супруга. Задавая вопросы и слушая историю этой драгоценной сестры, вы сможете лучше узнать ее и понять, как лучше позаботиться о ней. Вы сможете узнать о ее жизни, о радостях и трудностях, перенесенных страданиях, болезненных поражениях и воодушевляющих победах. Вы сможете узнаете о ее вере — о том, как ее спас Христос, как Он сопровождал ее в испытаниях и страданиях, как являл ей благодать на протяжении всей жизни. Возможно, от нее вы даже сможете узнать что-то о своей церкви, чего раньше никогда не знали.

Однако если вы будете задавать правильные вопросы и внимательно слушать, вы узнаете не только о ней и ее жизни, но и о своей собственной. Поскольку большинство вдов пережили страдания и стойко переносят их с верой в Иисуса Христа и упованием на суверенную благость Бога, в их взгляде на жизнь можно найти сокровища мудрости и веры. Трагично, что многие пасторы смотрят на пожилых членов церкви как на бремя, отягощающее общину и мешающее ей двигаться вперед. Старицы-вдовы являются, пожалуй, самыми проницательными людьми в церкви, которых стоит послушать и у которых стоит поучиться, ведь они стойко прошли испытание веры, которая не пошатнулась за прошедшие десятилетия.

Я многому научился, проводя время с Тилли Робертс и слушая ее. Всякий раз, когда я приходил к ней домой, она показывала мне фотографии и делилась историями о разных предметах утвари и мебели в ее доме. Она говорила о своей стойкости веры в Иисуса. Я слушал истории о Великой депрессии, узнавал, каково это жить без машин, самолетов, телевидения и Интернета. Это был единственный человек, который мог мне объяснить, для чего предназначены старинные сельскохозяйственные орудия, висящие на стене в ресторане Cracker Barrel[25]. В речи на ее похоронах я вспоминал все многочисленные уроки, которые извлек для себя из общения с ней. Особенно ценными для меня были ее жизненные истории, которые помогли мне лучше заботиться о других и сделали меня более мудрым в пасторском служении. Ее стойкая вера побуждала меня стремиться проявлять такую же верность в своей собственной жизни. Это были особенные моменты, но они не происходят сами по себе. Они требуют времени. На это нужно потратить время, слушать и учиться.

Придите не с пустыми руками

Пожалуй, нет таких людей, кто не любил бы получать подарки. Кто-то любит подарки больше, у кого-то они вызывают

---

25   Сеть ресторанов Cracker Barrel https://ru.wikipedia.org/wiki/Cracker_Barrel специализируется на Южной кантри-тематике. — *Прим. пер.*

меньше эмоций, но почти все ценят чувства, которые стоят за подарком. Подарок говорит: «Я люблю и ценю тебя». Он свидетельствует о том, что кто-то думает о тебе и желает тебе добра. Подарок вдове может стать для нее особенно ободряющим жестом. Вдовы когда-то были женами, и многие из них являются матерями и бабушками. Многие из них прилагали жертвенные усилия, чтобы дарить подарки другим, и они знают, что значит подарок. Для вдовы, равно как и для любого другого человека, принесенный вами гостинец будет уникальным ободрением, особенно если он станет ответом на ее реальную нужду. Размышляя о том, какой гостинец принести, посещая вдову, я думаю о трех категориях: что-то нужное, что-то съедобное, что-то сентиментальное. В таких случаях я всегда задаю себе вопрос: что может послужить ей наилучшим образом? Вы можете привлечь к этому дьяконов церкви, которые могли бы помочь в сборе и распределении этих подарков, чтобы послужить физическим и эмоциональным нуждам вдов и взять практический пример с тех служителей, которых ранняя церковь выбрала для исполнения именно этой задачи (Деян. 6:1–7).

Что-то нужное

Вы слышали, как кто-то говорит: «Мне нужен вот этот новый телефон» или «Мне нужно посмотреть новый фильм, как только он выйдет»? Иногда мы сами себя убеждаем, что нам что-то действительно нужно, в то время как это просто желания, замаскированные под потребности. Нужный гостинец для вдовы — это то, что отвечает на ее реальную потребность. Это то, что действительно нужно вдове для выживания. В нашей церкви, например, есть беженка из другой страны, вдова, у которой несколько детей. Ее не особенно волнует наличие самой последней модели телефона (хотя телефон ей, скорее всего, нужен); она просто хочет быть уверена, что детям будет что сегодня поесть. Ее не волнует, какой фильм показывают в кинотеатре на соседней улице; ее интересует, не выселит ли ее хозяин из съемной квартиры. У многих вдов есть множество реальных нужд, восполнить которые может помочь церковь, а пастор может призвать церковь поучаствовать в этих нуждах. Если вы принесете вдове гостинец, который удовлетворит ее непосредственную нужду, это будет поистине библейское служение. Этот подарок может стать большим ободрением для вдовы. Так она увидит, как через церковь о ней заботится Бог.

В зимние месяцы, когда погода портится, у пожилых людей, как правило, возникают вполне конкретные особые нужды. Возможно, им нужно помочь в уходе за приусадебным участком, подмести тротуар или расчистить дорогу от снега. Долгие, темные и холодные ночи могут усилить депрессию и чувство одиночества. Вы можете помочь с уборкой, устранить проблемы с канализацией, подвезти до церкви или на прием к врачу, поменять у вдовы дома лампочку или просто помочь по хозяйству в доме. Такие неожиданные дела служения будут для вдов особенно приятным сюрпризом.

Что-то съедобное
Не у всех вдов есть финансовые или физические нужды. Возможно, ее мудрый муж перед смертью вложил деньги в особый фонд, из которого можно черпать средства для обеспечения всех нужд его овдовевшей жены. Возможно, сама вдова работает и способна эффективно управлять своими средствами.

Поэтому какая-то безделушка, бесцельно занимающая место на полке, — это вовсе не то, чем бы вы хотели порадовать эту сестру. Вместо этого постарайтесь узнать, какие лакомства она любила готовить для себя, мужа и детей. Испеките или купите ее любимое угощение и принесите его в следующий раз, когда будете посещать ее. Узнайте, есть ли у нее любимый сорт кофе или чая, красиво упакуйте его и пошлите ей курьером. Однажды на Рождество моя жена вместе с нашими маленькими детьми приготовила специальные шоколадные конфеты. Затем они доставили их всем пожилым вдовам из нашей церкви. Возможно, у вдовы нет неотложных физических нужд, но вы всегда можете найти способ скрасить ее день и напомнить ей, что о ней не забыли.

Что-то сентиментальное

Для меня самыми значимыми были те подарки, которые были сделаны специально для меня. Я до сих пор вспоминаю сделанные моими маленькими детьми аппликации, открытки, заботливо написанные от руки женой. Это мог быть билет на футбольный матч, который купил друг, запомнивший, как я хотел побывать на той игре. Подарки, свидетельствующие о том, что человек подумал и вспомнил о чем-то важном для вас, наиболее значимы. Поэтому, возможно, вы найдете что-то особо значимое для вдовы, что поднимет ей настроение, напомнив о том, как любил ее муж, и позволит ей вновь ощутить такую же любовь уже через любовь церковной семьи.

Гостинец для вдовы — это не просто подарок. Это весть, с помощью которой вы передадите ей свое отношение. Отнеситесь к этому заданию серьезно! Узнайте, каковы ее физические нужды. Или испеките что-нибудь вкусненькое. Или просто попросите своих детей сделать для нее открытку, которая даст ей понять: о ней не забыли. Бог часто употребляет подобные подарки особым и очень неожиданным образом. Такие подарки могут убедительно напомнить вдове, что ее помнят и ценят.

Приобщайте к этому служению жену и детей

Однажды мне пришлось хоронить близкого друга, дьякона нашей церкви, довольно молодого человека, мужа и отца. Он погиб в автокатастрофе, оставив жену вдовой, а детей сиротами. Его похороны были для меня, пожалуй, самыми трудными. Во время траура, который стал особенно тяжелым испытанием для его семьи, моя жена сыграла важную роль, заботясь о потрясенной вдове, особенно глубоко переживавшей боль утраты. Если вы пастор, не думайте, что вам нужно служить в одиночестве. Более того, не стоит думать, что вам *удастся* служить в одиночку. Если у вас есть семья, Бог часто будет использовать вашу семью, чтобы принести благословение и утешение тем, кому вы служите в церкви.

Случаи, когда пастор обращается к своей жене по многим вопросам, — например, с просьбой провести урок в воскресной школе, когда заболел учитель, или принести дополнительное блюдо для церковного обеда, — довольно нередки. Но еще более важную роль ваша супруга может сыграть в служении другим женщинам, находящимся в кризисной ситуации. Это особенно актуально, когда вы впервые встречаетесь со вдовой. В заботе о вдовах ваша жена будет бесценным подспорьем, будь то молодая вдова, внезапно потерявшая мужа, или пожилая женщина, потерявшая мужа пятьдесят лет назад. Кроме того, жена пастора может послужить примером для подражания и вдохновить на подобное служение других сестёр из церкви.

Забота вашей жены о пожилых вдовах послужит прекрасным примером для молодых сестёр в их заботе о старицах. Пожилые вдовы ценят заботу со стороны любого члена церкви, но особенно им нравится забота со стороны молодых сестёр. Я слышал от многих пожилых вдов, что для них это сродни заботе со стороны дочери, даже если у них никогда не было своих дочерей.

Когда молодые женщины заботятся о пожилых, у старицы также появляется возможность наставлять и ободрять молодых, следуя библейскому образцу, данному в Послании к Титу 2:3–4. Это общение может быть очень полезным и для молодой женщины, поскольку в такой обстановке она может получить мудрые наставления и взгляд на жизнь от старшей сестры во Христе. Не у каждой женщины есть такая возможность, но те, кто прошёл через такое общение, свидетельствуют, что этот опыт был для них благословением. В нашей церкви есть пожилая вдова в возрасте около девяноста лет. Она пробыла в браке более пятидесяти лет и родила семерых детей, в том числе близнецов. Эта женщина — прекрасный источник мудрости и наставления для молодых женщин, жён и мам в нашей церкви. Молодым женщинам в церкви всегда есть чему поучиться у таких стариц. А сами пожилые вдовы с удовольствием делятся своим многолетним опытом служения народу Божьему.

Что касается служения молодым вдовам, жена пастора может стать для них особым другом, соратником и мудрым душепопечителем, которому можно быть подотчётной. Нам, пасторам, нужно особенно стараться привлекать своих жён к заботе о молодых вдовах. Причем не столько ради того, чтобы у них было общение между собой, сколько для того, чтобы обезопасить самих себя от опасных ситуаций, в которые мы могли бы попасть. Ведь мы служим уязвимым женщинам, которые борются с эмоциональными и духовными проблемами, вызванными утратой. Я хотел бы, чтобы такого никогда не случалось, но я был свидетелем того, как пастор ушел от своей жены и женился на молодой вдове из своей общины. Большинством пасторов движут лучшие побуждения, желание проявить заботу. Но все же нам необходимо помнить, что никто не застрахован от искушения, и пасторы должны оберегать свою жизнь и свои сердца во избежание потенциально компрометирующих ситуаций. Служитель ни в коем случае не должен недооценивать силу эмоций. Они бывают особенно обострены в такие моменты, и, заботясь о скорбящих вдовах, следует проявлять особую осторожность. В таких ситуациях неоценимую помощь пастору может оказать его жена, более тесно общаясь с молодыми вдовами, позволяя самому пастору заботиться о них так, чтобы не вызывать никаких нареканий.

Заботясь о вдовах, как молодых, так и пожилых, жена пастора может сыграть особо значимую роль в служении. Однако это вовсе не означает, что она должна участвовать во всем подряд. Сама ее вовлеченность в это служение сможет стать побудительным мотивом для других женщин, жен и матерей в поместной церкви. Сестры любят собираться вместе для неформального общения. Поощряйте свою жену участвовать в этих служениях, если она может и хочет. И призывайте других женщин присоединиться к ней, чтобы бремя служения не было для нее непосильным.

Нельзя недооценивать и то влияние, которое на жизнь других людей могут оказать дети. Однажды в церкви на траурном служении памяти одной дорогой вдовы я еще раз убедился в том, каким благословением являются пожилые люди для нашей молодежи и какое положительное влияние пожилые вдовы могут оказывать на наших детей. Когда я привел свою семью на похороны той старицы, нас встретили члены ее семьи. Мы никогда с ними раньше не встречались, но они знали имена моих детей и тепло вспоминали о том, как старица их любила. Ее родственники были рады познакомиться с детьми, о которых много говорила их возлюбленная бабушка. И тогда я понял, как помогли мне мои дети в то время, когда я навещал ее вместе с ними на протяжении многих лет. Своим вниманием ее родственники показали, что дети приносили той вдове радость, которую я бы никогда не смог принести, если бы приходил к ней один. Эта пожилая женщина очень любила детей, но у нее никогда не было своих. Зато у нее была возможность проявлять любовь к моим детям. И действительно, это была одна из многих причин, почему я так любил и ценил эту старицу.

Те из нас, у кого есть дети, знают, что дети — это Божий дар. Но иногда мы забываем, что наши дети — это Божий дар и для нашей церковной семьи, если мы готовы поделиться этим даром. В каждой церкви есть пожилые вдовы, которые искренне радуются, когда кто-то из членов церкви навещает их и берет с собой детей.

Кроме того, такие посещения полезны и для детей. Для ребенка очень важно научиться любить и скорбеть. Я убедился в этом сам, когда мы, посетив одну вдову, отъезжали от ее дома, и две мои старшие дочери, которым тогда было по семь и десять лет, начали плакать. Я не люблю, когда мои дочери плачут, но это напомнило мне, что мои дети испытали искреннюю привязанность к этой женщине. Они научились любить, и теперь они учились горевать. Родители зачастую напрасно хотят оградить своих детей от столкновения со смертью, когда они еще маленькие, ведь ситуации, подобные этой, — прекрасный Божий дар, помогающий детям понять реальность смерти. Научите своих детей быть благодарными Богу за то, что они знали этих особенных людей, научите их доверять Евангелию.

Наконец, участие ваших детей в попечении о вдовах и престарелых поможет и им, и самим пожилым людям в вашей церкви оценить их потребность друг в друге. К сожалению, сегодня многие поместные церкви, в которых представлено несколько поколений, уходят в небытие. Но так быть не должно. Лучший способ борьбы с возрастной сегрегацией в церкви — прилагать усилия для объединения молодых и пожилых, чтобы они возрастали в христианской любви и расположении друг к другу. Лично я был безмерно благодарен той вдове, у которой никогда не было собственных детей, за то, как она беззаветно любила многих детей в нашей церкви, словно они были ее собственными.

Дети — это не бремя для служения. Напротив, это ценный дар от Бога, благословение для нас. Конечно, для того, чтобы они участвовали в таком служении, возможно, придется приложить больше усилий и проявить инициативу, но овчинка стоит выделки.

Принимайте их к себе на праздники

Праздники — радостное время для одних и время большой печали для других. Вдовы, в частности, во время праздников зачастую остаются один на один со своими воспоминаниями и скорбью. Для вдовы Рождество, День благодарения, дни рождения и юбилеи — это напоминание о том, что ее мужа больше нет рядом с ней. В праздничной суете остальные родственники часто заняты своими делами и забывают о том, что их близкий грустит и для него это время приносит удручающие воспоминания. В суете и суматохе праздничных хлопот о вдовах чаще всего забывают. Но пасторы, дьяконы и другие члены церкви могут послужить вдовам, взяв их на время в свою семью и включив их в свои праздничные планы.

Один из лучших способов почтить вдов в праздничный сезон — организовать для них особый ужин. Я знаю одного пастора, который вместе с женой запланировал в своей церкви специальный рождественский ужин для вдов. У многих из них в это время даже не было рядом никаких родственников. И это был замечательный способ напомнить им, что тело Христово — это их семья. Помимо еды, на этом ужине вы сможете почтить вдов небольшими подарками и знаками внимания, которые напомнят им, что их любят, ценят и ими дорожат. Во время общего собрания вы можете произнести особую молитву за вдов, тем самым сделав их центром молитвенного внимания. В нашей церкви в один из субботних вечеров перед Рождеством мы проводим так называемый молитвенный караван, когда посещаем дома вдов и поем для них рождественские гимны, возвеличивающие рожденного Христа. К этому общению присоединяются многие семьи. Такие посещения ободряют вдов в нашей церкви, они чувствуют эмоциональный и духовный подъем. Это общение согревает их и напоминает им о том, что их не забыли ни Христос, ни Его церковь.

Возможно, вы захотите пригласить вдову на празднование Дня благодарения или Рождества в кругу вашей семьи. Вспоминая свои детские годы, я отмечаю, что мне больше всего запомнились праздничные ужины на День благодарения и Рождество, когда к нам неожиданно заходила пожилая вдова, приглашенная отцом в последний момент. Я и представить себе не могу, каким благословением это было для тех одиноких женщин, которые ужинали с нашей семьей вместо того, чтобы прозябать дома в одиночестве.

Ни в коем случае не пренебрегайте возможностью благословить и ободрить вдов, особенно во время праздников. Если вы выйдете из зоны комфорта, взяв на вооружение упомянутые здесь советы, то не пожалеете о том, что пребудете в общении с этими дорогими святыми. Наш милосердный Бог усыновил каждого из нас и принял в Свою вечную семью через драгоценную кровь Иисуса. Приняв старицу в свой дом и уделив ей внимание во время праздников, вы сможете на практике продемонстрировать эту Божью милость и подчеркнуть наше вечное усыновление.

Заключение

Пастор, который желает, чтобы его служение отражало цели и намерения Бога, *и* берет на вооружение опыт ранней церкви, никогда не будет пренебрегать служением вдовам. Но одного понимания библейских заповедей на этот счет недостаточно. Правильная, эффективная забота о вдовах требует вдумчивой оценки уникальных потребностей каждой вдовы. Не забывайте, что вдовы не будут кричать о своих нуждах, в отличие от многих других служений, которые будут яростно сражаться за ваше время и внимание. Лишь тогда, когда Сам Бог проговорит к вашему сердцу, вы сможете сделать заботу о вдовах своим приоритетным служением. Тогда вы сможете откликнуться на этот призыв с верой и послушанием. Но это совсем не значит, что вы не испытаете благословений в своем служении. Одни из самых великих благословений от служения в своей церкви вы познаете тогда, когда будете заботиться о вдовах.

ЧАСТЬ 3

ВЕРНОСТЬ

ГЛАВА 8
ОБЛИЧАТЬ ГРЕХИ

Если же согрешит против тебя брат твой, пойди и обличи его между тобой и им одним; если послушает тебя, то приобрел ты брата твоего; если же не послушает, возьми с собой еще одного или двух, дабы устами двух или трех свидетелей подтвердилось всякое слово; если же не послушает их, скажи церкви; а если и церкви не послушает, то да будет он тебе, как язычник и мытарь (Евангелие от Матфея 18:15–17).

Бывают случаи, когда правда может кого-то обидеть. Однако, если мы верим, что правда имеет силу освобождать, то слово, способное пронзить сердце и обличить, — лучшее, что вы можете сказать своему ближнему. Никому не нравится говорить то, что может ранить человека, но зачастую именно этого ему и не хватает, чтобы обрести надежду и исцеление. Мать Чарльза Сперджена явно продемонстрировала

это своему маленькому непослушному сыну. Вспоминая
времена своего детства, Сперджен писал:

> Когда мы были маленькими, воскресными вечерами [мама]
> обычно оставалась с нами дома, мы садились за стол и читали
> Писание стих за стихом, а она объясняла нам каждый стих.
> После этого наступало время нашей молитвы; она читала
> небольшой отрывок из книги Аллейна «Тревога» или Бакстера
> «Призыв к необращенным», причем чтение она сопровождала
> замечаниями, обращенными к каждому из нас. Мы сидели за
> столом, а мама задавала вопрос: «Доколе мы будем ждать,
> прежде чем задумаемся о своем состоянии, доколе мы будем
> ждать, прежде чем начнем искать Господа?» Затем следова-
> ла молитва матери, и некоторые слова этой молитвы мы
> никогда не забудем, даже тогда, когда седина покроет наши
> головы. Я помню, как однажды она молилась: «Господи, если
> мои дети будут продолжать грешить, то погибнут не по
> неведению, и тогда, если только они не прильнут ко Христу,
> моя душа будет свидетельствовать против них в день суда».
> Эта мысль о том, что мать будет свидетельствовать про-
> тив меня, пронзила мою совесть и взволновала мое сердце[26].

Верный Богу отец или мать не просто говорит то, что *угодно*
услышать ребенку; верный родитель говорит то, что ребенку
надлежит услышать. Родители говорят детям правду ради
того, чтобы они не оставались на месте, но росли. Пастыри
Божьего стада ничем не отличаются от верных родителей. Верный пастор должен быть готов делать и говорить то, что делать

---

26   Charles H. Spurgeon, *Autobiography, Volume 1: The Early Years, 1834–1859* (1898;
repr., Edinburgh: Banner of Truth, 1962), 43–45.

и говорить трудно, но необходимо для паствы, чтобы Божий народ оставался духовно здоровым и возрастал в зрелости.

Это одна из сложнейших задач, которые стоят сегодня перед пасторами, чей распорядок дня загружен до предела. Немногие пасторы жаждут возможности обличить чей-то грех. Чаще всего эту обязанность просто игнорируют, а ведь долго смотреть на грех сквозь пальцы нельзя. Все христиане борются с грехом. Все пасторы борются с грехом. И это реальность, с которой мы будем сталкиваться до тех пор, пока Иисус не вернется за нами. Это не значит, что мы призваны противостоять каждому греху, который видим в жизни другого человека. Мы не призваны быть полицией нравов, следя и наблюдая за другими, подыскивая момент, когда наш ближний потерпит неудачу, чтобы тогда противостоять ему.

Нет, призыв обличать грех адресован нам по другой причине. Мы противостоим греху из любви к Богу, к согрешающему и к церкви. Мы противостоим греху, чтобы возвеличить имя Христово с надеждой, что провозглашаемая истина побудит грешника к покаянию и восстановлению. Все христиане постоянно противостоят греху в отношениях с другими людьми, но особенно это необходимо, когда христиане сворачивают на греховные пути и осмеливаются оставить борьбу со своими грехами или перестать каяться в них. Процесс исправления в таких ситуациях часто называют церковной дисциплиной. И пасторы должны вести поместную церковь в том, чтобы практически выполнять эту задачу. В этой главе мы рассмотрим, что в Библии говорится об ответственности поместных церквей в осуществлении церковной дисциплины, а затем рассмотрим, каким образом пастор должен вести в этом процессе свою церковь.

В каких ситуациях, согласно Библии, нужно вмешиваться пастору

Новый Завет дает четкое руководство, как противостать греху в жизни христианина, и предлагает несколько способов подхода к этому процессу в зависимости от конкретных обстоятельств, с которыми мы сталкиваемся.

Нераскаянный грех

Обличение в грехе предписано нам Самим Иисусом. Господь описал четкий порядок, которому мы должны следовать, если обнаружим, что брат или сестра во Христе не желают раскаиваться в определенных грехах в своей жизни, особенно в грехах против других братьев или сестер:

> *Если же согрешит против тебя брат твой, пойди и обличи его между тобой и им одним; если послушает тебя, то приобрел ты брата твоего; если же не послушает, возьми с собой еще одного или двух, дабы устами двух или трех свидетелей подтвердилось всякое слово; если же не послушает их, скажи церкви; а если и церкви не послушает, то да будет он тебе, как язычник и мытарь.*
>
> *Матфея 18:15–17*

Иисус предписывает во время обличения в грехе брата или сестры во Христе следовать трехступенчатому процессу церковной дисциплины:

Шаг 1: Если он(а) согрешил(а) против вас, обличите его (ее) наедине. Если он(а) послушает вас, значит, вы приобрели брата или сестру.

Шаг 2: Если он(а) не послушает обличения, возьмите с собой двух или трех свидетелей. И если он(а) будет упорствовать и не послушает, расскажите об этом церкви.

Шаг 3: Если же и церкви не послушает, вы должны относиться к нему (ней), как к язычнику или мытарю.

Цель церковной дисциплины ясна: вновь поставить брата или сестру во Христе на богоугодный путь. Этот человек живет в открытом грехе, ему безразлично, что ему об этом говорят. В такой ситуации провозгласить ему Божью истину и обличить его в грехе — это акт любви. И напротив: позволить человеку жить в мятеже против Бога, не предупредив его о последствиях, — значит проявить к нему безразличие. Поэтому Иисус призывает нас обличать с любовью, с целью наставить на истинный путь. Но это нелегко! Сами по себе овцы вашего стада не станут добровольно участвовать в этом, пока вы, добрый пастырь, не наставите их и не покажете пример.

Отсутствие дисциплины

Церковь в Фессалонике была образцом верности во многих отношениях. Однако пример некоторых верующих отнюдь не свидетельствовал о том, что Христос их преобразил. Апостол Павел пишет церкви о том, как распознать таких людей и что с ними делать:

> 99 *Повелеваем вам, братья, именем Господа нашего Иисуса Христа, удаляться от всякого брата, поступающего бесчинно, а не по учению, которое приняли от нас, ибо вы сами знаете,*

как должны вы подражать нам; ибо мы не бесчинствовали у вас, ни у кого не ели хлеба даром, но занимались трудом и работой ночь и день, чтобы не обременить кого из вас, — не потому, чтобы мы не имели власти, но чтобы себя самих дать вам в образец для подражания нам. Ибо когда мы были у вас, то завещали вам это: если кто не хочет трудиться, тот и не ешь. Но слышим, что некоторые у вас поступают бесчинно, ничего не делают, а суетятся. Таковых увещаем и убеждаем Господом нашим Иисусом Христом, чтобы они, работая в безмолвии, ели свой хлеб. Вы же, братья, не унывайте, делая добро.

Если же кто не послушает слова нашего в этом послании, того имейте на замечании и не сообщайтесь с ним, чтобы устыдить его. Но не считайте его за врага, а вразумляйте, как брата.

2 Фессалоникийцам 3:6–15

Апостол говорит здесь не о тех, у кого есть действительные физические нужды, кто не в состоянии сам себя обеспечить. Он говорит о тех, кто находится в церкви и злоупотребляет ее щедростью. Очевидно, некоторые верующие в Фессалонике могли работать и восполнять свои нужды, но они отказывались от работы и жили за счет более богатых членов церкви. Павел повелевает церкви противостоять греху лени, чтобы такие верующие не позволяли себе эксплуатировать церковь. Эти ленивые христиане, сами не работая, вмешивались в дела других людей, и это приводило к греху. Павел призывает церковь применять дисциплину к тем, кто не желает работать, и подробно описывает, как с помощью этих дисциплинарных мер можно вернуть подобных людей на истинный путь.

Разделения

В другом письме Павел обращается к своему ученику Титу, который трудится в деле основания церквей на острове Крит. Он призывает его соблюдать церковную дисциплину и следовать порядку, подобному тому, что преподал Сам Иисус в Евангелии от Матфея 18:15–17. Павел увещевает Тита быть внимательным к тем, кто вносит раскол в церковь, и так противостоять им:

> 99 *Глупых же споров, и родословий, и ссор, и распрей о законе удаляйся, ибо они бесполезны и суетны. Еретика после первого и второго вразумления отвращайся, зная, что таковой развратился и грешит, будучи самоосужден.*
>
> *Титу 3:9–11*

Слова Павла, обращенные к Титу, отражают слова Иисуса. Когда мы обличаем человека в грехе, благодаря определенному порядку можно выяснить, действительно ли он обращен. Апостол говорит, что его нужно вразумить один раз, потом другой. Если после второго вразумления он по-прежнему не желает каяться, то, говорит Павел, такого «отвращайся». Обличение выявит, «что таковой развратился и грешит, будучи самоосужден». Апостол Павел учит нас, что церковная дисциплина может помочь выявить истинное состояние души человека.

Публичный грех, вызывающий широкий резонанс

Однажды я узнал, что один из членов нашей церкви совершал физическое насилие над своей женой. За двадцать лет пасторского служения это переживание было для меня, пожалуй, одним из самых болезненных. Мы с другим пастором встретились с этой парой. То, что мы увидели и услышали, оказалось ужасной, грязной, душераздирающей историей. Мужчина совершенно не раскаялся и никак не отреагировал на наше обличение. После встречи с этой супружеской парой нам пришлось созвать особое членское собрание, на котором мужа немедленно исключили из членов церкви. Отлучив его от церкви, мы публично заявили о его действиях, выразили свое осуждение и дали всем вокруг понять, что его действия и образ жизни не соответствуют нормам поведения человека, знающего Христа.

В свете предыдущих примеров вы можете задаться вопросом: *зачем нужно было немедленно отлучать этого человека?* Поводом к таким действиям для нас послужил описанный апостолом Павлом случай в коринфской церкви. Апостолу пришлось разбираться в публичной и грязной ситуации, к тому же она произошла в церкви, в которой было достаточно много высокомерных членов, производивших разделения. Эти люди сурово осуждали Павла и других служителей церкви, тем самым засвидетельствовав, что для них этот мир важнее и ценнее, чем Христос. В своем высокомерии они предпочитали не замечать вопиющий грех, который никак нельзя было терпеть или игнорировать:

> *Есть верный слух, что у вас появился блуд, и притом такой блуд, какого не слышно даже у язычников: что некто имеет жену отца своего. И вы возгордились, вместо того чтобы лучше плакать, дабы изъят был из среды вас сделавший такое дело.*
>
> *А я, отсутствуя телом, но присутствуя у вас духом, уже решил, как бы находясь у вас: сделавшего такое дело — в собрании*

вашем во имя Господа нашего Иисуса Христа, обще с моим ду-
хом, силой Господа нашего Иисуса Христа — предать сатане
во измождение плоти, чтобы дух был спасен в день Господа
нашего Иисуса Христа.

Нечем вам хвалиться. Разве не знаете, что малая закваска
квасит все тесто? Итак, очистите старую закваску, чтобы
быть вам новым тестом, так как вы бесквасны, ибо Пасха
наша, Христос, заклан за нас. Поэтому станем праздновать
не со старой закваской, не с закваской порока и лукавства, но
с опресноками чистоты и истины.

Я писал вам в послании — не общаться с блудниками; впро-
чем, не вообще с блудниками мира сего, или лихоимцами, или
грабителями, или идолослужителями, ибо иначе надлежало
бы вам выйти из мира сего. Но я писал вам не общаться с тем,
кто, называясь братом, остается блудником, или лихоимцем,
или идолослужителем, или злоречивым, или пьяницей, или
грабителем; с таким даже и не есть вместе. Ибо что мне
судить внешних? Не внутренних ли вы судите? Внешних же
судит Бог. Итак, извергните развращенного из среды вашей.

1 Коринфянам 5:1–13

Мы видим существенное различие между тем, о чем говорит Иисус в Матфея 18, и ситуацией, которую Павел
рассматривает в 1 Коринфянам 5. У Матфея речь идет
о частном грехе против другого христианина. В 1 Коринфянам 5 — о греховном образе жизни, который стал явным
для широкой публики. Поскольку грех был публичным
и продолжительным, он вызвал огромный резонанс в ко-
ринфском обществе, и у людей сложилось весьма превратное
впечатление о Христе и Его церкви в Коринфе и даже

его окрестностях. Хотя в I веке не было ни радио, ни телевидения, ни Интернета, скандальные новости могли распространяться молниеносно.

Похоже, что Павел узнал об этой ситуации от посторонних, а не непосредственно от церкви (1 Кор. 5:1). Поскольку эта ситуация вышла за рамки церкви, она требовала другого, более радикального подхода и немедленной реакции, в отличие от трехступенчатой дисциплины, описанной в Матфея 18 и Титу 3. Павел требовал, чтобы «изъят был из среды вас сделавший такое дело» (1 Кор. 5:2). Апостол ясно дал понять, что в такой публичной ситуации, как эта, когда имеет место вопиющее беззаконие и блуд, церковь должна заявить всему миру, что ни в коем случае не считает подобное поведение достойным истинного последователя Иисуса Христа.

Что должно побуждать пастора обличать грех

Писание ясно говорит нам, что мы *должны* противостоять греху, но отнюдь не утверждает, что делать это легко. Среди приоритетов служения всегда могут появиться конкуренты, которые будут норовить занять наше время. Поэтому нам нужны «мотиваторы», которые помогут нам вести церковь в святости и помнить о пасторской ответственности в противостоянии греху. Все эти мотиваторы имеют библейское обоснование и при этом практичны. Большинство из них основано на словах Павла, обращенных к коринфской церкви. В то же время в текстах, прочитанных нами ранее, эти же мотиваторы, хоть и не высказаны прямо, но подразумеваются.

Обличайте грех ради верности Писанию

Павел с любовью, но твердо настаивает, что в случаях, когда человек упорствует в грехе и не кается в нем, необходимо жесткое противостояние. Чаще всего это противостояние не приводит к желаемым результатам, более того, реальные результаты могут приводить к разочарованию и даже боли. Поэтому реакция обличаемого грешника не должна быть нашей главной мотивацией. Мы обличаем его *из послушания Божьему Слову*, независимо от реакции обличаемого. Честно говоря, все ситуации, в которых мне приходилось участвовать в применении церковной дисциплины, были болезненными и трудными для всей нашей общины. Однако наши чувства никогда не должны преобладать над истинами, ясно изложенными для нас Богом в Своем Слове. Мы пастыри Божьего стада, и противостоим греху, показывая таким образом верность Писанию.

Обличайте грех ради чистоты церкви

Павел напомнил коринфянам, что их безразличие к вопиющей безнравственности в церкви является результатом их необоснованного хвастовства (1 Кор. 5:6), а потом привел пример из практической жизни, чтобы помочь коринфянам понять, почему бездействие в этом вопросе вредит чистоте церкви. Он задал им вопрос: «Разве не знаете, что малая закваска квасит все тесто?» Малое количество закваски заставляет подняться все тесто, так и здесь много закваски не нужно.

Эта иллюстрация из области кулинарии напоминает церкви об опасностях пренебрежения ко греху. Достаточно небольшого греха, чтобы он смог отравить всю церковь.

Поэтому Павел требует: «Итак, извергните развращенного из среды вашей», пока его грех не распространился по всей церкви, как закваска в тесте. Церковная дисциплина болезненна в исполнении, но пасторы должны применять ее ради чистоты и здоровья церкви Христовой.

Обличайте грех ради имени Христова

Кроме того, Павел пишет, что непорочность в церкви отражает то изменение, которое Иисус принес в нашу жизнь. Павел употребил пример с квасным хлебом и перешел к теме празднования Пасхи. Он напомнил своим адресатам, что «Пасха наша, Христос, заклан за нас» (1 Кор. 5:7). Наша жизнь никогда не будет свободна от пятен греха. Однако Иисус прожил совершенную жизнь без изъяна, на которую мы не способны, умер на кресте за наши грехи, а затем воскрес из мертвых, чтобы обеспечить нам спасение от грехов. Это спасение изменило наши сердца, и мы обрели силу жить по-другому. Дух Бога живого, пребывающий в нас, уверовавших в Иисуса, дает нам силу жить жизнью Христовой. Мы уже не те, кем были раньше. Наши грехи омыты жертвой на кресте, поэтому нам больше не нужно ходить в них. Павел говорит о том, что Церковь — это живое свидетельство Христа этому миру, если мы живем как люди, преображенные Евангелием.

Поэтому всякий раз, когда церковь не свидетельствует своей жизнью об этом преображении, возникает серьезная проблема. Когда члены церкви не живут жизнью покаяния, когда в них не видно ежедневного отказа от греха, мир искаженно воспринимает Иисуса Христа и Его церковь. В Коринфе люди из мира, услышав о том, что в церкви распространен блуд, получили искаженное представление о Христе и Его невесте. В своем высокомерии коринфская церковь либо не заметила, какой пример она подает миру, либо, что еще хуже, не придала значения, что Евангелие предстало перед миром в искаженном свете. Об этом хорошо написал Павел в стихе 8: «Поэтому станем праздновать не со старой закваской, не с закваской порока и лукавства, но с опресноками чистоты и истины» (1 Кор. 5:8). Когда член церкви упорствует во грехе и не раскаивается в нем, а пасторы оставляют это без внимания и не учат свою общину необходимости жить подобно Христу, мир искаженно воспринимает драгоценное имя нашего Спасителя Иисуса. Поэтому ради имени нашего Искупителя мы должны исполнить призыв соблюдать церковную дисциплину.

Обличайте грех ради душ обличаемых

Под воздействием и влиянием церковной дисциплины оказываются не просто обличаемые во грехе члены церкви. Огромное значение имеют души обличаемых. Павел глубоко переживал о душах тех, кто впал в грех. Когда он упомянул, что решил нераскаявшегося грешника «предать сатане во измождение плоти», он отметил, что сделал это, «чтобы дух был спасен в день Господа нашего Иисуса Христа» (1 Кор. 5:5). Такая же забота сквозит и в трех других новозаветных текстах о церковной дисциплине (Мф. 18; 2 Фес. 3; Тит. 3). Хотя поначалу слова Павла могут показаться суровыми, ясно, что он говорит, четко понимая вечные приоритеты. Он напоминает нам, что есть последствия более серьезные, чем боль отлучения от формального общения внутри церкви. Дисциплинарные меры, которые приводят к утрате общения, могут восприниматься как нечто неприятное, но в итоге они могут побудить человека вернуться ко Христу. Это такая «жесткая любовь», способ позволить неприятным последствиям греха проникнуть в сердце и, возможно, привести человека ко Христу.

В этом смысле церковная дисциплина — это сигнал тревоги для того, кто поступает безрассудно и, как неверующий, живет в грехе. Подобный образ жизни сигнализирует другим о том, что человек по-настоящему не пережил рождение свыше. Поэтому к нему следует относиться не как к члену церкви, а как к неверующему. Конечно, это вовсе не означает, что с такими людьми нужно обращаться грубо и с ненавистью. Мы, Церковь Христова, с любовью служим неверующим в надежде, что Евангелие приведет их к покаянию. И хотя церковная дисциплина болезненна, а иногда и сопряжена с риском для пастора, который ведет в этом процессе церковь, прежде всего пастор должен переживать о вверенных его попечению душах. Поэтому он должен быть готов распрощаться с грешником в надежде, что однажды заблудшая, потерявшаяся овца вернется и будет спасена.

Заключение

Ирония церковной дисциплины в том, что многие люди, включая христиан, ошибочно полагают, что обличение в грехе автоматически означает осуждение и сопряжено с нелюбовью. Но на самом деле, как мы могли убедиться, дисциплина — это не что иное, как акт любви. И вновь мы должны напомнить себе, с какой целью применяем церковную дисциплину. Разве это любовь, если мы позволим возлюбленному человеку пребывать в ложном ощущении безопасности и продолжать упорствовать в грехе, думая, что последствий не будет? Человек может считать себя христианином, потому что он посещает церковь или иногда произносит молитву, но отражает ли его жизнь это исповедание? Это беда, когда пастор знает об упорстве в нераскаянном грехе, переживает за этого грешника, но ничего ему не говорит! Мы не хотим, чтобы, встретившись однажды со Христом и сказав Ему: «Господи! Господи! Я делал от Твоего имени и то, и это! Я даже служил в Твоей церкви», он услышал от Него: «Я никогда не знал тебя» (Мф. 7:23).

Именно в этом, в конечном счете, и заключается настоятельная необходимость исполнять этот призыв к действию. Бог повелел применять церковную дисциплину ради спасения душ и совершенствования верующих в борьбе с грехом. Церковная дисциплина также помогает защитить чистоту и имя Иисуса Христа перед внимательно наблюдающим за церковью миром. Дисциплина — это акт любви, совершаемый ради благополучия души. И несмотря на то, что греховный выбор может привести к болезненным последствиям здесь на земле, слова обличения, сказанные с любовью, способны впоследствии призвать грешника к покаянию и спасти его в последний день (1 Кор. 5:5).

У пасторов есть призвание: пасти Божье стадо. Возможно, важнейший аспект этого призвания — обличение в нераскаянном грехе, в котором упорствует человек, называющий и считающий себя истинным последователем Иисуса Христа. Если это обличение высказано в соответствии с установленным в Писании порядком и в духе кротости, то нет большей радости для пастора, чем видеть, как заблудшая овца снова возвращается домой. Иногда, к сожалению, души, находящиеся под нашей опекой, сбиваются с пути и больше не возвращаются, а иногда мы просто не видим немедленного явного плода наших усилий по противостоянию греху. В таких случаях держитесь библейских наставлений и знайте, что Богу угодна наша верность и послушание Его Слову ради Его великого имени, когда мы в повиновении Пастыреначальнику предпринимаем попытки вернуть заблудших овец.

ГЛАВА 9

УТЕШАТЬ МАЛОДУШНЫХ, ПОДДЕРЖИВАТЬ СЛАБЫХ

Умоляем также вас, братья: вразумляйте бесчинных, утешайте малодушных, поддерживайте слабых, будьте долготерпеливы ко всем (1 Фессалоникийцам 5:14).

Однажды в нашей церкви появилась одна пара. Было видно, что в их отношениях немало проблем. Но прошло немного времени, и благодаря им я испытал одну из величайших радостей пасторского служения. Ни он, ни она не были христианами, но оба обратились ко мне с просьбой повенчать их. Я объяснил, что мне нужно будет провести с ними консультирование, и они согласились. После того, как мы в течение нескольких месяцев встречались и говорили о Евангелии, они исповедали веру в Христа и вскоре приняли водное крещение. Через несколько месяцев я обвенчал их в нашей церкви, и они сыграли христианскую свадьбу. Самым приятным в этом событии было то, что в зале присутствовали неверующие люди, которые стали свидетелями реальности Евангелия, ведь они слышали, как молодожены произносили обеты верности друг другу. Это был особенный день, который я всегда буду помнить и ценить.

Воспитание новообращенного христианина — дело нелегкое и имеет множество нюансов. Не была исключением и эта пара. В свои новые отношения со Христом они принесли разрушительный багаж прошлого, в том числе некоторые привычки, которые явно мешали их браку. К счастью, оба прислушивались к наставлениям и стремились учиться. Вскоре у них родился ребенок. Молодая мама и новорожденная дочь часто болели, что еще больше усугубляло отношения между мужем и женой. Казалось, что Дух Божий действовал в их жизни, но все равно греховные привычки, разрушавшие их жизнь раньше, как отголоски из прошлого, сделали первые годы брака и ученичества особенно трудными. Забота о них была обременительна для нашей небольшой общины, поэтому, для того чтобы помочь этой семье, в церкви организовалось своего рода дежурство, и несколько человек по очереди оказывали им помощь.

Только всеведущий Бог может сказать, сколько часов мы с женой потратили на заботу об этой семье. И где же эта пара сегодня? Прежде чем ответить на этот вопрос, позвольте мне задать другой: *разве это важно?* Другими словами, разве можем мы решать, стоило ли нам вкладывать столько сил и времени, на основании их нынешнего положения в церкви или вовлеченности в служение? В этом мире мы обычно судим об успехе наших усилий по конечному результату. Такие же критерии оценки используются и в мире бизнеса. Именно так оценивают игроков и команды в мире профессионального спорта. Но я считаю, что пасторское служение коренным образом отличается. Пастор не может измерять свое служение видимыми результатами, поскольку эти результаты не всегда очевидны по эту сторону вечности. Служение заботы и ободрения немощных братьев и сестер в наших церквях — одно из тех служений, где пастор может не увидеть немедленных, очевидных результатов. И тем не менее пасторы должны выделять место для этого служения. Они должны вкладывать свое время в жизнь трудных людей, общение с которыми может выжимать все соки. Почему? Потому что так велит *Библия*.

Цель этой главы — призвать вас переосмыслить модель служения. Возможно, если раньше вам говорили, что вкладывать свое время и силы в людей пастор должен лишь тогда, когда это приводит к положительному результату, вам придется изменить свой образ мышления. Иногда у пасторов возникает искушение игнорировать трудных людей и сложные ситуации. Они знают, что для помощи немощному брату или сестре потребуется время. Иногда это время может показаться потраченным зря, а усилия — напрасными. В определенные периоды такая забота будет отнимать много времени и ресурсов церкви. Это может даже заставить пастора впасть в уныние или усомниться в Божьей силе. Иногда даже будет искушение засомневаться в том, обращен человек или нет.

Апостол Павел называет этих трудных людей «слабыми» (1 Фес. 5:14). Такие «слабые» есть в каждой церкви. Это христиане, которые легко отступают от своих убеждений, быстро унывают и, как может показаться, никак не могут одержать победу в борьбе с грехом. Как следствие, они живут с уязвленной совестью. Они верят в Евангелие, демонстрируют присутствие Духа в своей жизни и слушают наставления Божьего Слова, но им трудно усвоить и применить истину этого Слова в своей повседневной жизни из-за особенностей характера, темперамента или опыта былых времен. Однажды я разговаривал с Альбертом Мартином, известным баптистским проповедником, к тому времени уже завершившим служение. Он сказал мне: «Наша пасторская задача — делать все, чтобы как можно больше людей попали на небеса в наилучшем состоянии». Мне нравится этот подход, ведь от нас, пасторов, не зависит само рождение свыше. Это преобразование производит Бог. Он же печется о бедных, слабых и нуждающихся среди Своего народа. А мы, призванные Им пастыри, просто заботимся о тех людях, которых Бог приводит к нам.

Божье сострадание к немощным

Немощь, боль, уныние и безнадежность появились в этом мире из-за греха. Все эти переживания являются прямым следствием грехопадения (Быт. 3). Но есть и хорошая новость: благодаря личности и подвигу Иисуса Христа, Бог искупил то, что было разрушено грехом. Так же, как грешники получают незаслуженную милость от милосердного Бога, мы обретаем и Божье сострадание — Его благодать в отношении немощных, нуждающихся и страждущих. Божье сострадание начало проявляться в Его избранном израильском народе и продолжается до сих пор через работу Духа в церкви.

Божья забота о немощных в Израиле

Божий план искупления включает в себя заботу о слабых, бедных и страждущих среди Его народа. Эта нежная забота проявляется во всех псалмах, где говорится о Божьей силе защитить тех, кто не в состоянии защитить себя сам:

> *Бог стал в сонме богов, среди богов произнес суд: «Доколе будете вы судить неправедно и оказывать лицеприятие нечестивым? Давайте суд бедному и сироте; угнетенному и нищему оказывайте справедливость; избавляйте бедного и нищего; исторгайте его из руки нечестивых.*
>
> *Псалом 81:1–4*

Пророки также говорят о Божьей заботе о слабых, немощных и угнетенных. Господь через пророка Исаию обещает, что отомстит за Свой искупленный народ:

> *Возвеселится пустыня и сухая земля, и возрадуется страна необитаемая, и расцветет, как нарцисс; великолепно будет цвести и радоваться, будет торжествовать и ликовать; слава Ливана дастся ей, великолепие Кармила и Сарона; они увидят славу Господа, величие Бога нашего. Укрепите ослабевшие руки и утвердите колени дрожащие; скажите робким душой: «Будьте тверды, не бойтесь: вот Бог ваш. Придет отмщение, воздаяние Божие — Он придет и спасет вас».*
>
> *Исаия 35:1–4*

Исаия не только приводит данные Богом Своему народу обещания, но и показывает удел врагов Израиля. Однажды Бог придет и свершит суд: Он отомстит и воздаст тем, кто ополчился против Него и подверг преследованиям Его народ. Он подкрепит немощных, обеспечит слабых и даст силу боящимся. Эти обетования даны для того, чтобы поднять дух ослабевших и страждущих в Израиле, поскольку весь народ с нетерпением ожидает прихода Царя, Мессии, Который положит начало исполнению этих обетований.

Сострадание Иисуса

Когда Иисус ходил по земле, Он явил Божье сострадание к тем, кто был слаб, беден и угнетен. Толпы людей, пораженные недугами, болезнями, физическими и умственными отклонениями, поверженные в уныние, приходили к Нему за помощью. И как отреагировал Иисус? Он проявлял к ним сострадание, относился к ним с терпением и давал надежду. При этом Он использовал два подхода.

Во-первых, Он проявлял сострадание через *служение учения*. Так Иисус демонстрировал Свое сострадание и давал надежду. О чем говорил Иисус в Заповедях блаженства в самом начале Нагорной проповеди? Подумайте о содержании Его вступительных слов и тех, кто, предположительно, был первой Его аудиторией:

> *Блаженны нищие духом,*
>   *ибо их есть Царство Небесное.*
> *Блаженны плачущие,*
>   *ибо они утешатся.*
> *Блаженны кроткие,*
>   *ибо они наследуют землю.*
> *Блаженны алчущие и жаждущие правды,*
>   *ибо они насытятся.*

Блаженны милостивые,
ибо они помилованы будут.
Блаженны чистые сердцем,
ибо они Бога узрят.
Блаженны миротворцы,
ибо они будут наречены сынами Божиими.
Блаженны изгнанные за правду,
ибо их есть Царство Небесное.

Матфея 5:3–10

Иисус начинает Свое основополагающее учение о Царстве Божьем с обращения к нищим, плачущим, кротким, алчущим и жаждущим праведности, милостивым, чистым сердцем, миротворцам и гонимым. Иисус выворачивает наизнанку общепринятые в Его время представления о Царстве Божьем. Он не возвеличивает сильных и влиятельных, а говорит о бедных и кротких, и именно они, согласно Его учению, унаследуют Царство. Позже Павел напишет, что, когда мы немощны, тогда сильны (2 Кор. 12:10). В Его Царстве первые будут последними, а последние — первыми (Мф. 19:30). А тот, кто хочет быть первым, должен стать рабом и служить всем (Мк. 10:44). Иисус учил, что в Царстве Божьем немощные занимают особо значимое место.

Во-вторых, сострадание и надежда Иисуса видны в Его *общении с увечными, хромыми и слепыми*. Матфей подводит поразительный итог попечению Иисуса о немощных и страждущих:

> Перейдя оттуда, пришел Иисус к морю Галилейскому и, взойдя на гору, сел там. И приступило к Нему множество

*народа, имея с собой хромых, слепых, немых, увечных и иных
многих, и повергли их к ногам Иисуса; и Он исцелил их; так
что народ дивился, видя немых говорящими, увечных здоровыми, хромых ходящими и слепых видящими, и прославлял
Бога Израилева.*

Матфея 15:29–31

Иисус не сторонился тех, кого считали изгоями общества,
тех, кто оказался в отчаянном положении. Он не просто исцелял их физически. Он давал им надежду и в этой жизни,
и в жизни грядущей. Крестная жертва и воскресение закре-
пили эту надежду, а сострадание Иисуса к слабым стало ос-
нованием для служения апостолов другим людям. Мы видим свидетельства этого в Новом Завете и в том, как они
наставляют последователей Христа в Его Церкви.

Призвание апостолов

Апостолы продолжили служение милосердия Иисуса,
и мы видим, как это служение развивается на протяжении всей Книги Деяний. Апостолы и служители ранней
церкви продолжали исцелять хромых, больных и слепых.
Заботой о немощных и страждущих они являли миру силу
Святого Духа. Апостол Павел также давал конкретные
указания церкви помогать слабым и проявлять терпение
к тем, кто медленно учится и не спешит меняться: «Умоляем также вас, братья: вразумляйте бесчинных, утешайте малодушных, поддерживайте слабых, будьте долготерпеливы ко всем. Смотрите, чтобы кто кому не воздавал
злом за зло; но всегда ищите добра и друг другу, и всем»
(1 Фес. 5:14–15).

Павел пишет церкви в Фессалонике, в которую уже начинали активно проникать лжеучителя, стремящиеся сбить верующих с истинного пути. Особому риску подвергались менее стойкие, малодушные христиане, поэтому Павел призывает христиан этой церкви обратить особое внимание на тех, кто наиболее восприимчив к волкам в овечьей шкуре. К ним относятся те, кого Павел назвал «бесчинными, малодушными и слабыми».

Кроме того, в церкви часто наблюдались разногласия между членами, в том числе и по отдельным вопросам учения и практики. Некоторые из этих споров были, по словам Павла, «спорами о мнениях» (Рим. 14:1) и касались вопросов совести каждого верующего. К сожалению, подобные споры часто приводили к тому, что немощные в вере могли поколебаться или вовсе отойти от веры. Поэтому апостол Павел дает им такое наставление:

> *Немощного в вере принимайте без споров о мнениях. Ибо иной уверен, что можно есть все, а немощный ест овощи. Кто ест, не уничижай того, кто не ест; и кто не ест, не осуждай того, кто ест, потому что Бог принял его.*

Римлянам 14:1–3

Павел знал, что вопрос совести стал источником больших разногласий в коринфской церкви, поэтому посвятил ему целых три главы (1 Кор. 8–10). В данном случае речь шла о том, можно ли есть идоложертвенное мясо. Павел подробно разобрал этот вопрос и подтвердил, что любой христианин (в том числе в коринфской церкви) может пользоваться христианской свободой. Однако эта свобода во Христе ни в коем случае не должна быть поводом для хвастовства. Напротив, она должна мотивировать христиан любить других и заботиться о тех, кто не согласен с ними, — о немощных в вере братьях или сестрах.

> " *Но не у всех такое знание: некоторые и доныне с совестью, признающей идолов, едят идоложертвенное как жертвы идольские, и совесть их, будучи немощна, оскверняется. Пища не приближает нас к Богу; ибо едим ли мы — ничего не приобретаем, не едим ли — ничего не теряем. Берегитесь, однако же, чтобы эта свобода ваша не послужила соблазном для немощных. Ибо если кто-нибудь увидит, что ты, имея знание, сидишь за столом в капище, то совесть его, как немощного, не расположит ли и его есть идоложертвенное? И от знания твоего погибнет немощный брат, за которого умер Христос. А согрешая таким образом против братьев и уязвляя немощную совесть их, вы согрешаете против Христа. И потому, если пища соблазняет брата моего, не буду есть мяса вовек, чтобы не соблазнить брата моего.*
>
> *1 Коринфянам 8:7–13*

Павел напоминает коринфянам: мы не должны пытаться доказать свою правоту за счет других. Наша цель — ободрить более немощных в вере, чтобы продемонстрировать им любовь Христа и показать наблюдающему за нами миру объединяющую силу Евангелия. И одним из способов донести сострадание Христа до других является проявление заботы, сострадания и беспокойства о немощных в общине.

Как найти баланс

Апостолы дали конкретные указания утешать малодушных и принимать немощного в вере брата или сестру. Но как это сделать? Мы уже отмечали ранее, что этот вид служения зачастую занимает много времени и требует от служителя много терпения и мудрости. Этот труд может лечь тяжелым бременем как на пастора, так и на всю церковь. Так как же тогда продолжать это служение и при этом не впасть в уныние, не разочароваться и не потерять терпение? Мне кажется, совершая пастырское попечение о немощных братьях и сестрах, о «проблемных людях», следует помнить о четырех характеристиках. А именно, в служении с немощными нам нужно: терпение, упование, помощь со стороны и сочувствие к нуждающимся.

Ободрять с терпением

Освящение — процесс медленный, а пастырское душепопечение немощных братьев и сестер требует много времени и усилий. Ведь часто приходится говорить об одном и том же из раза в раз. От этого вас часто будет одолевать чувство разочарования. Вам будет казаться, что ваш брат или сестра во Христе сдает позиции в борьбе против греха. В таких ситуациях неоценимую помощь может оказать терпение.

Когда пастор ощущает раздражение и разочарование, когда его одолевает нетерпение, вызванное отсутствием видимого прогресса у немощного брата или сестры, стоит сделать шаг назад и задуматься над таким вопросом: как мои ожидания перемен соотносятся с тем, какое время для этого процесса заложил Бог? Дело в том, что никто из нас никогда не знает единственно верного темпа для каждого отдельного человека. Каждый человек уникален и сталкивается с различными проблемами в борьбе с грехом. Даже самый сильный христианин, не раз видевший победу в борьбе с грехом, плотью и дьяволом в этом падшем мире, ежедневно вынужден продолжать эту битву. Те же, кто ослабел сердцем и занемог, также продолжают сражение, но имеют в своем арсенале не так много вооружения.

В пасторском душепопечении вы не можете полагаться на собственный опыт или на ограниченный опыт общения с другими людьми. То, что показало эффективность у вас или ваших знакомых, совершенно не обязательно будет столь же эффективным для других людей. Терпеливым пастором можно назвать того, кто принимает эту духовную реальность и продолжает доверять Богу в том, сколько времени может понадобиться в этом деле. Уделите время на размышления о том, как терпелив Бог к вам и вашим собственным грехам и недостаткам. Как прекрасно, что Бог медлен на гнев и преисполнен непоколебимой любви, даже когда мы этого совершенно не заслуживаем! Помня о терпении нашего доброго Бога по отношению к нам, вы сможете воспитать в себе терпение по отношению к другим.

Ободрять с упованием

Разочарование — нормальное явление, когда мы имеем дело с человеком, который вновь и вновь совершает одни и те же ошибки и грехи. Я до сих пор помню отчаяние, которое испытывал, когда меня из раза в раз просили посетить одну пару из нашей церкви. Они постоянно ссорились и ругались, обычно в то время, когда я уже готовился ко сну. Я заходил к ним в дом и пытался принести в ситуацию мир. Как правило, мне удавалось их угомонить, но через месяц, вновь, когда я уже готовился ко сну, звонил телефон. Через месяц — та же история. А еще через месяц они оказались на пороге моего дома. И, казалось, никаких изменений не предвиделось.

Все повторялось из раза в раз, и отсутствие у этой пары прогресса в борьбе с пагубными привычками едва не сломило меня! Сила укоренившихся греховных моделей поведения может привести в отчаяние даже самого оптимистичного и жизнерадостного пастора. В унынии мы можем начать сомневаться в Божьей силе. Тогда начинают угасать и оптимизм, и вера в Бога, ведь даже после многих лет служения мы по-прежнему не видим никаких практических результатов.

Евангелие дает нам надежду даже тогда, когда мы не видим скорых изменений. Когда мы отвлекаемся от Евангелия и забываем о его силе, естественно, наша надежда начинает угасать. Однако Евангелие *имеет достаточно силы,* чтобы дать нам надежду даже в самых отчаянных обстоятельствах. Ведь это весть о воскресении из мертвых к жизни. Это обещание узнику обрести свободу. Это обещание будущего, когда все обновится, даже когда кажется, что окружающий нас мир никогда не изменится.

Это вовсе не означает, что в этом мире мы больше не столкнемся с переживаниями и трудностями. Но упование на Христа дает нам уверенность в том, что для Него нет слишком трудной или безнадежной ситуации или модели поведения. Подвиг Иисуса на кресте принес нам прощение грехов и избавил нас от Божьего гнева. Мы спасены от вечной погибели.

Верим ли мы, что Иисус силен исцелить брак? Или для этого Он уже слаб? Или Иисус не в силах преодолеть наркозависимость у новообращенного? А может быть, у Иисуса не хватит сил, чтобы помочь мужчине преодолеть зависимость от порнографии?

Бог навеки усыновил нас и принял в Свою семью. Иисус воскрес из мертвых к жизни, и однажды Он воскресит нас, чтобы мы обрели новые тела, подобные Его воскресшему Телу. Евангелие Иисуса Христа и сила Святого Духа, пребывающего в каждом последователе Иисуса, дают нам надежду. И это не попытка принять желаемое за действительное, а истинная надежда. Когда мы теряем надежду или отчаиваемся, возможно, именно так Бог укрепляет нашу веру, помогая нам увидеть, где мы полагаемся на собственные способности и усилия или на усилия опекаемого нами человека, а не на силу Святого Духа. Точно так же, как Божьи пути — не наши пути, так и время у Бога устроено не так, как у нас.

Поэтому вы *можете* надеяться, что опекаемые преодолеют свои грехи, но не уповайте на собственные способности или усилия. Будьте тверды в вере, полагайтесь на Божьи обетования; верно и терпеливо продолжайте заботиться и служить тем, кто нуждается в этом. Утешая малодушных в вашей пастве, не теряйте надежды и верьте в Духа, Который не прекращает Своей работы.

Ободрять с помощью других членов церкви

Пасторы знают, что им не пристало падать духом и унывать, но реальность такова, что это служение весьма энергозатратно. Забота о немощных и малодушных требует совместных усилий. Поэтому нам нужно, чтобы в этом служении участвовали многие люди. Пастор должен привлекать других членов церкви и позволять им служить в подобных ситуациях. Многие пасторы испытывают с этим трудности. Причин может быть несколько. Одна из них в том, что некоторые служители обманывают самих себя, думая, что помочь способны только они, и никто другой. К тому же бывает, что подопечный считает, что помочь ему может только пастор. Я не раз слышал от пасторов такую фразу: «Мне *нужно* встретиться [с тем-то и тем-то], потому что больше ни с кем он встречаться не желает. Я единственный, кто знает все детали его ситуации». Считать себя единственным, кто способен предложить помощь, — возможно, самое худшее, что может сделать пастор в таких ситуациях. Позвольте помогать и другим людям! При этом в смирении признайте, что опыт и вклад других может оказаться незаменимым.

Иногда в нашей церкви зрелому брату поручали взять своего рода шефство над немощным братом. Зрелый брат в таких случаях обучал своего подшефного на протяжении некоторого времени. Бывало, что примерно через полгода мы видели, что зрелый брат-душепопечитель истощается, — тогда мы поручали это дело другому брату. Через шесть месяцев мы вновь меняли «шефствующего». Со временем мы обнаружили, что такие замены приносят подопечному большую пользу. Каждый зрелый брат вносил свою лепту, делился своим уникальным жизненным опытом. Один душепопечитель имел свой подход к проблемам подопечного, отличный от методов другого служителя, и, возможно, мог каким-то уникальным образом лучше достучаться до израненной души. В конце концов, в результате применения всех этих подходов немощный в вере брат начал показывать первые признаки роста и с течением времени перестал быть бременем для тех, кто вносил вклад в его жизнь. Отказываясь привлекать других зрелых членов церкви к оказанию помощи немощным, пасторы оказывают лишь медвежью услугу тому, кто нуждается в помощи.

Ободрять с сочувствием

Когда все усилия приводят лишь к расстройствам и разочарованиям, когда плода от всех стараний не видно и в помине, многие пасторы делают заключение, что Бог якобы говорит им оставить тщетные попытки и двигаться дальше. Но такие рассуждения могут быть ошибочны. Возможно, через наше разочарование Бог не пытается нам что-то сказать, а выявляет в нас недостаток сочувствия. Именно тогда, когда мы разочарованы и готовы сдаться, через нас может наиболее ярко проявиться сострадание в попечении о слабых. Поэтому не нужно сдаваться. Нужно продолжать! Пытаться еще и еще раз. Нужно не унывать и говорить те же ободряющие слова, которые мы говорили уже много раз, ожидая, что однажды Дух Божий совершит Свое дело, и это Слово их коснется.

Сострадание — это Божий дар, способный стать одним из главных инструментов в руках пастора. Как же найти это сострадание? Как его обрести? Как и в случае с упованием и терпением, мы должны вспомнить о сострадании, которое проявил к нам Иисус, и размышлять о нем. Есть ли у Бога основание разочароваться в вас? И все же мы знаем, что Он принимает нас не с гневом, не вменяет нам вину, не стыдит нас. Вместо этого Он орошает нас потоками милости, текущими от подножия креста. Бог милостив к нам в нашей слабости, а мы, пастыри, так же должны сострадать и своей пастве. Мы относимся к овцам вверенного нам стада так же, как

Пастыреначальник отнесся к нам. Ведь в действительности сострадание и милости, которые мы оказываем своей семье и членам церкви, могут стать тем инструментом, с помощью которого Святой Дух будет помогать другим обрести Божью благодать в их жизни.

Заключение

Как бы мне хотелось сказать, что в истории, о которой я рассказал в начале этой главы, был счастливый конец. К сожалению, я такого сказать не могу. Супруги продолжали попадать в неприятные ситуации. В итоге муж оставил семью и разочаровался в вере. К нему применили церковную дисциплину и отлучили от церкви. Мы не оставили попыток призывать его к покаянию, чтобы он вернулся в семью и в церковь, но на сегодняшний день он не желает менять свой образ жизни. Его жена, оставшись одна без мужа, была вынуждена пойти на работу и воспитывать свою дочь в одиночку. Однако в эти трудные времена она проявила веру в Бога и не сдалась, что было большим вдохновением для церкви. Ей до сих пор очень непросто. Она постоянно сталкивается с финансовыми проблемами и часто переживает, как ей оплатить все счета. Немало вечеров она провела в непростых разговорах со своей раздосадованной дочерью, которая в растерянности задавала болезненные вопросы, на которые мать старалась найти ответы.

Было отрадно видеть, что, несмотря на все переживания и испытания, эта молодая женщина проявляет признаки роста во Христе. Особым благословением для меня было видеть нашу церковь, которая сплотилась вокруг нее и проявила жертвенную заботу и о ней самой, и о ее дочери. Конечно, мы не можем понять всего, что хочет совершить Бог в таких болезненных ситуациях, но очевидно, что Он не стоит на месте, а взращивает Своих ослабевших овец, снаряжая для этого поместную церковь, и тем прославляется великое имя Христово и провозглашается сила Евангелия, действующего среди Его народа.

Утешение и ободрение немощного брата или сестры — это призвание для всех христиан в поместной церкви. Пасторы несут ответственность за обучение и снаряжение верующих, но саму работу выполняют все, поскольку она требует совместных усилий. Чтобы исполнять эту миссию, ищите среди членов церкви тех, кто достаточно зрел, стабилен и одарен, ведь это служение отнюдь не легкое! Согласитесь, что эта задача должна стать важнейшим приоритетом вашего служения, и на собственном примере показывайте, как члены вашей церкви могут своей жизнью являть сострадание и милосердие, которые Христос проявил к вам. Об этом очень хорошо сказал пастор XVI века Мартин Буцер. О том, как утешать малодушных и поддерживать слабых в поместной церкви, Буцер пишет следующие слова:

> *Именно так следует укреплять и утешать слабых и больных овец Христовых, причем делать это должны все христиане. Ибо поскольку Христос живет во всех своих членах, то и эту пастырскую работу Он будет осуществлять во всех. Но поскольку для этой цели были особым образом призваны душепопечители, им надлежит прежде других взвалить на себя эту ношу попечения и нести ее самым добросовестным*

образом. Пресвитеры и блюстители должны следить за тем, чтобы в церкви были проницательные и ревностные душепопечители, которые бы взывали к слабым и недальновидным овцам. Такое служение необходимо всячески поощрять, ибо и сами пресвитеры тем самым верно исполняют свое служение Пастыреначальнику Христу, опекая и укрепляя больных и ослабленных овец. И, как мы уже говорили, все это должно совершать, чтобы через святое Евангелие Христово церковь была наставлена и научена искать всего во Христе Господе нашем и в Нем одном находить удовольствие[27].

Пасторы, для которых этот нелегкий, но важный аспект пастырского попечения является в их служении приоритетным, которые «верно исполняют свое служение Пастыреначальнику», несомненно, не только почувствуют ободрение и заботу о немощных братьях и сестрах среди своих знакомых и близких, но и увидят, как укрепляется и вооружается их поместная церковь для исполнения повелений Христа. В таких общинах и среди таких пасторов будет больше сострадания, сочувствия и упования, чем у тех, кто этим пренебрегает.

---

[27] Martin Bucer, *Concerning the True Care of Souls* (1538; repr., Edinburgh: Banner of Truth, 2009), 171.

ГЛАВА 10

ВЫЯВЛЯТЬ
И ОБУЧАТЬ ЛИДЕРОВ

Итак, укрепляйся, сын мой, в благодати Христом Иисусом; и что слышал от меня при многих свидетелях, то передай верным людям, которые были бы способны и других научить (2 Тимофею 2:1–2).

Великий евангелист XVIII века Джордж Уитфилд хорошо сформулировал причину духовного упадка многих церквей его времени: «Причина, по которой церкви мертвы, в том, что в них проповедуют мертвецы»[28]. То есть в некоторых церквях проповедуют (духовные) мертвецы, руководят гордецы, а выгоду от этого получают алчные люди. Не нужно далеко ходить за примерами неверных пастырей, наносящих ущерб овцам. Есть множество историй о том, как пасторы злоупотребляют своим положением,

---

28 Arnold Dallimore, *George Whitefield: The Life and Times of the Great Evangelist of the 18th Century Revival* (Carlisle, PA: Banner of Truth, 2001), 1:550.

217

присваивая деньги или сексуально домогаясь уязвимой замужней женщины в своей общине. Прекрасно видеть церковь Христа, возглавляемую библейски призванными, квалифицированными служителями; не менее трагично наблюдать, как волки в овечьей шкуре проникают в церковь и опустошают стадо Христово. Чтобы этого избежать, есть только один способ: выявлять и обучать руководителей поместной церкви. Эта задача должна быть главным приоритетом пастора.

При выявлении и воспитании новых лидеров пасторы допускают две наиболее распространенные ошибки. Первая из них заключается в том, что эту обязанность возлагают на тех, кто находится за пределами поместной церкви. Когда речь заходит о взращивании новых служителей, эту ношу на себя по большей мере взваливают семинарии, библейские колледжи, миссионерские организации и другие околоцерковные служения. Но Библия учит иначе. Когда Павел и Варнава собирались отправиться в свое первое миссионерское путешествие, именно антиохийская церковь, помолившись, возложила на них руки и отправила их в путь (Деян. 13:1–3). Служения вне поместной церкви внесли серьезный вклад в Божье дело по всему миру, но, согласно Писанию, эти служения не должны нести ответственности за отбор и подготовку пасторов и других лидеров. Это бремя должна нести на себе поместная церковь, а точнее, ее пасторы и служители.

Вторую ошибку допускают те, кто решает, что человек призван на пасторское служение, только на основании того, что он почувствовал внутреннее желание стать пастором (внутреннее призвание). К сожалению, во многих церквях на лидерские позиции и важные должности ставят, основываясь лишь на чувствах человека, на его субъективном восприятии, на том, каким он *чувствует* свое *призвание*. Если у него есть желание выполнять дело служения, если видно, что у него есть определенные дары, церковь принимает, как само собой разумеющийся факт, что он призван. Конечно, самооценка кандидата важна, но все же церковь не может полагаться на субъективную оценку или непроверяемые чувства самого человека. Для этого нужен осязаемый процесс, в ходе которого можно проверить квалификацию кандидата на служение в соответствии с тем, что изложено в Писании. В письме Тимофею Павел ясно подчеркивает: чтобы занять в церкви руководящую должность, кандидат должен соответствовать определенным требованиям (1 Тим. 3:1–13), и прежде чем доверить эту роль новому человеку, нужно убедиться в том, что он верен (2 Тим. 2:2).

Как выявить достойного кандидата

Руководитель в церкви должен обладать несколькими конкретными качествами, которые четко прописаны в Библии. Причем для этого вовсе не обязательно обладать особым деловым чутьем или уметь завоевывать расположение к себе. Нет, библейские качества служителя заложены в самом призвании пастыря, который желает заботиться о Божьем народе. Новый Завет предусматривает две главные должности в поместной церкви. Одна из них — пастор (в Новом Завете его еще называют «пресвитером» [старейшиной] или «епископом» [блюстителем]). Вторая — дьякон. В этой главе мы сосредоточимся на требованиях к пасторам, то есть к тем, кто призван вести за собой и пасти церковь Христову. Основной отрывок, в котором подробно описаны квалификации пастыря Божьего народа в поместной церкви, находится в 1 Тимофею 3:1–7. Основываясь на этом тексте, святые прошлого и настоящего видели три основных качества, которыми должен обладать кандидат на пасторское служение[29]:

1. Он должен быть преображен Евангелием

Тот, кто чувствует внутренний призыв вступить на священное поприще служителя Евангелия, прежде всего, сам должен быть преображен Евангелием. Евангелие — это весть о спасении от греха и Божьего гнева. Оно провозглашает, что грешник обретает спасение по благодати через покаяние в грехе и веру в личность и подвиг Иисуса Христа. Может показаться очевидным, что человек, допущенный до служения, должен иметь спасительную веру во Христа. Тем не менее проблема необращенных пасторов вставала неоднократно и вызывала оправданное беспокойство. Например, в XVII веке Ричард Бакстер так начал свою знаменитую книгу «Реформированный пастор»:

>> *Внимайте себе, иначе спасительная благодать, о которой вы возвещаете другим, не сможет оказать своего воздействия на вас, вам самим не будет знакомо плодотворное влияние благой вести, которую вы возвещаете; и, если вы открываете миру его нужду в Спасителе, пренебрегая Им в своих собственных*

---

29 Отрывки из Титу 1:6–9 и 1 Петра 5:1–4 также ясно описывают библейские требования к пастору. Эти тексты хорошо дополняют 1 Тимофею 3:1–7, но в этой главе в качестве основного текста мы будем разбирать именно 1 Тимофею.

сердцах, вы утратите живой интерес к Его личности, а затем и к тому, что Он сделал во имя вашего собственного спасения. Внимайте себе, иначе, призывая других, чтобы они осознали опасность вечной погибели, вы погибнете сами; насыщая других людей хлебом жизни, вы сами начнете умирать с голоду... Как много людей предупреждали других об опасности вечной погибели, а сами угодили в нее! Сколько проповедников сейчас в аду, и каждый из них постоянно призывал своих слушателей быть предельно внимательными и осторожными во избежание данной участи [30].

Предостережение Бакстера актуально и для нас в XXI веке. Если церкви сегодня будут пренебрегать важностью оценки кандидатов на пасторское служение, под угрозой может оказаться очень многое. Если человек по-прежнему находится во тьме, порабощен грехом и живет в бунте против Бога, его ни в коем случае нельзя допускать до пасторского служения, где ему было бы доверено Евангелие и поручена ответственность пасти искупленные души.

2. Он должен иметь сильное желание совершать этот труд

Наставляя своего юного ученика, апостол Павел писал: «Верно слово: если кто епископства желает, доброго дела желает» (1 Тим. 3:1). Великий баптистский проповедник XIX века Чарльз Сперджен, обращаясь в своих лекциях к молодым студентам, которые готовились к служению, наставлял их так: «Первым признаком божественного призвания является страстное, всепоглощающее желание

---

30 Бакстер, Ричард. Реформированный пастор / пер. с англ. Е. Кулюкин. Самара: Благая весть, 2022. С. 51–52.

посвятить себя этому служению»[31]. У кандидата должно быть сильное, неугасимое желание исполнять пасторский труд, желание проповедовать Божье Слово, пасти Божий народ, благовествовать заблудшим, обучать духовно немощных и служить поместной церкви. Сперджен говорит, что это божественное желание можно измерить по тому, насколько он желает или не желает делать что-то другое:

> Не делайся проповедником, если можешь заняться другим делом, мудро ответил один древний пастырь человеку, обратившемуся к нему за советом. Если кто из вас мог бы удовлетвориться должностью редактора, или бакалейщика, или фермера, или доктора, или судьи, или сенатора, или президента, ради Бога, не отговаривайте его идти своим путем; в нем нет той полноты присутствия Духа Святого, которая заставила бы его отказаться от того, к чему стремится его душа. Если же вы можете сказать, что за все сокровища мира вы не можете и не в силах посвятить себя другому делу, кроме как проповедованию Евангелия Иисуса Христа, тогда доверьтесь этому чувству, если наряду с другими для того необходимыми условиями имеет все признаки проповеднического призвания. Мы должны чувствовать, что погибнем, если не будем проповедовать Евангелие; слово Божие должно гореть в нас всепоглощающим огнем, иначе же, если мы посвятим себя пастырскому служению, то будем несчастны на этом пути, не сможем полностью отдавать себя, как он того требует, и мало принесем пользы тем, кому будем проповедовать[32].

31   Сперджен, Ч.Г. Лекции моим студентам. Глава 2. Одесская богословская семинария, 1998.
32   Ibid.

Почему для пасторского служения необходимо неугасимое стремление к этому поприщу? Да потому что это служение — не удел слабаков. Это тяжелый труд, в котором много борьбы, испытаний, уныния, давления, духовных сражений, которые так и норовят сломить дух самых сильных людей, у которых лишь «обычное» стремление к такому труду. Поэтому к пасторскому служению должно быть такое стремление, которое невозможно похитить, даже если вас предает брат; которое не ослабевает, даже если под угрозой оказывается работа; которое не угасает, когда одолевает физическая, умственная и эмоциональная усталость. Только тот христианин, который испытывает «страстное, всепоглощающее желание»[33] к этому прекрасному труду, может к нему приступить.

Это желание должно быть ревностным. Английский служитель XIX века Джон Энджелл Джеймс напоминает нам о том, как воспитывать в себе это желание:

> Каждый служитель может ревновать о своем служении, если он того пожелает: эту ревность он может подтвердить, когда на карту поставлено то, что действительно занимает его всего. Нужно посмотреть, что произойдет, когда его дом будет гореть, когда его здоровье или жизнь будут в опасности, когда в опасности окажется его жена или ребенок, когда из-за служения ему придется потерять значительные средства или отказаться от роста благосостояния. Какой тогда в нем проявится накал эмоций, какая пробудится ярость действий? Ему нужно лишь сердце, наполненное переживаниями о судьбе бессмертных душ; ему нужна лишь любовь Христова, которая

---

[33]   Ibid.

объемлет его со всех сторон, он должен быть увлечен силой и стремительностью этих святых чувств; мудрость ему нужна лишь для того, чтобы привлекать души людей к Иисусу. Иными словами, ему нужно только сердце, полностью настроенное на выполнение целей и задач его призвания, чтобы душа его обладала высотой и благородством, необходимым для такого священного труда[34].

Сильное желание заниматься служением вовсе не означает, что вместе с этим желанием у него будет стремление идти до конца и осознание серьезности этого труда. Кандидат на пасторское служение должен честно оценить, есть ли у него, помимо сильного желания, еще и ревностность в служении, и искренность, с которой он будет жаждать его исполнять.

3. Он должен иметь библейские качества характера

Многие верные, благочестивые люди на протяжении веков были живым свидетельством Христа и примером жертвенного служения Его церкви. Однако не все они были призваны к работе пастора/пресвитера. Павел дает Тимофею особый список качеств характера, которым должен соответствовать кандидат на пасторское служение (1 Тим. 3:1–7), отличный от списка требований к дьяконам (ст. 8–13). Этот список качеств демонстрирует уникальное призвание и особый пастырский труд, для которого и следует отделить конкретного кандидата. Эти качества позволяют другим людям внешне и объективно оценить того, кто заявляет о своем

---

[34] John Angell James, *An Earnest Ministry* (1847; repr., Edinburgh: Banner of Truth, 1993), 222–23.

желании исполнять пасторский труд. Список требований к пастору, перечисленных Павлом, можно разделить на пять категорий:

1. Способный учить («учителен»)

Способность учить (1 Тим. 3:2) — главное требование, которое отличает пасторское служение от любых других служений в церкви. Это качество свидетельствует не только о желании кандидата учить, но также о его умении верно, точно и эффективно преподавать Божье Слово. Павел подтверждает это во Втором Послании к Тимофею, когда призывает его хранить «добрый залог», то есть Евангелие, доверенное Богом. А делать это нужно «Духом Святым, живущим в нас» (2 Тим. 1:14).

Это требование к учительности следует читать и понимать вместе с текстом из Послания Иакова. Там апостол пишет об учителях и предупреждает, что учителя подвергнутся более строгому суду (Иак. 3:1). Служители, действительно призванные Богом на это служение, должны совершать свой труд смиренно, ясно, с энтузиазмом и посвящением. Призыв учить означает проповедовать Слово (2 Тим. 4:2), невзирая на цену. Это значит, что нужно использовать любую возможность изъяснить Евангелие, четко представив аудитории сокровище и ценность Христа, призвав слушателей покаяться и уверовать, а затем уповать на силу Святого Духа, чтобы Он преобразил сердца и умы. Наставлять Божий народ из Его Слова следует, обличая, запрещая, увещевая со всяким долготерпением и назиданием (2 Тим. 4:2). Именно проповедь и определяет служение благовестия — как частное, так и публичное. Как справедливо отметил баптистский пастор Роджер Эллсворт: «Нет задачи важнее этой. Не справишься с этим — не сможешь справиться с твоей главной задачей»[35].

2. С безупречной репутацией

Павел подчеркивает, что пастор «должен быть непорочен» (1 Тим. 3:2), то есть безукоризнен. Это значит, что пастор должен не просто избегать зла, но и стремиться не допускать даже его видимости. Например, тяжело будет обвинить пастора в любовной связи, если всем будет доподлинно известно, что он никогда не остается один на один в одном помещении с другой женщиной (кроме своей жены, конечно). Требование безупречной репутации означает, что пастор должен стремиться жить так, чтобы избежать каких-либо нареканий. Он должен стремиться жить последовательной, благочестивой жизнью и завоевывать добрую репутацию у всех людей. Тот факт, что он не зависит от вредных привычек, но предпочитает практиковать воздержание, лишь подтверждает эту репутацию, поэтому Павел также упоминает, что настоящий пастор — «не пьяница» (1 Тим. 3:3).

Безупречная репутация означает и то, что он имеет «доброе свидетельство от внешних, чтобы не впасть в нарекание и сеть дьявольскую» (1 Тим. 3:7). Это вовсе не значит, что он будет отступать от истины или идти на компромисс с миром. Этот принцип означает, что образ жизни пастора демонстрирует Божью любовь и сострадание к заблудшим, чтобы «они... видя добрые дела ваши, прославили Бога в день посещения» (1 Пет. 2:12).

---

[35] Эллсворт, Роджер. Проповедуй слово. Глава 15 в сборнике под ред. Т. Эскола. Дорогой Тимофей: письма служителю. Саратов: Евангелие и жизнь, 2016. С. 227.

3. Верно управляющий своей семьей

Третий критерий для допуска кандидата к пасторскому служению — он должен быть «одной жены муж» (1 Тим. 3:2). Часто эту фразу понимают неправильно, в том смысле, что пастор должен быть женат и что до пасторского служения нельзя допускать холостяка. Но в этой фразе Павел имеет в виду не семейное положение, а верность, то есть тот факт, что женатый человек предан и верен своей единственной жене. Верное управление своим домом начинается у пастора с глубины его любви к собственной жене, преданности и жертвенности по отношению к ней, «как и Христос возлюбил Церковь и предал Себя за нее» (Еф. 5:25). Повеление любить так своих жен дано всем мужьям-христианам, но пастор призван быть образцом такой любви для своей паствы.

Этот критерий также дополняет более раннее увещание Павла к Тимофею о том, что женщина не должна властвовать над мужчиной (1 Тим. 2:12). Божий замысел состоит в том, чтобы мужчины руководили в церкви точно так же, как они должны руководить в семье. Тот же принцип применим и к детям, живущим в доме пастора. Пастор должен быть верным в пастырском наставлении, учении и заботе о своих детях (1 Тим. 3:4). Этот критерий не означает, что у пастора обязательно должны быть дети или что его дети обязательно должны быть обращенными. Это означает, что дети пастора должны уважать его авторитет как назначенного Богом главы и руководителя семьи. Почему это важно? Павел приводит поистине глубокую причину: «Ибо, кто не умеет управлять собственным домом, тот будет ли печься о Церкви Божией?» (1 Тим. 3:5).

Наряду с управлением собственным домом, пастор должен тепло и радушно относиться к странникам и быть гостеприимным. Он должен быть «страннолюбив» (1 Тим. 3:2). Большинство людей воспринимают этот критерий как требование принимать гостей у себя дома. Это, конечно, тоже важно, но гостеприимство в более широком смысле свидетельствует о нашем расположении и отношении к незнакомым людям. Нетрудно быть гостеприимным к людям, которых вы знаете и любите, но не многие из нас гостеприимны к незнакомцам. Павел учит, что пастор должен демонстрировать готовность заботиться о других — даже о тех, с кем он незнаком. Этот критерий также подразумевает, что и свою семью он должен наставлять в том, чтобы воспринимать это служение как призвание всей семьи.

4. Имеющий благочестивый нрав

Большинство характеристик, перечисленных Павлом, можно отнести к категории общего благочестия. Павел говорит, что пастор должен быть «трезв, целомудрен, благочинен, честен» (1 Тим. 3:2), а также «не сварлив... тих, миролюбив» (ст. 3). Все эти качества свидетельствуют о том, что этот человек пережил преображение Евангелием, что Христос отражается в том, кто добр, сострадателен, воздержан в словах и делах, благороден, скромен, полон проницательности и мудрости. Трудно переоценить важность этого требования для руководства и служения. Бэзил Мэнли-младший пишет об этом так:

> Нужно ли еще раз напоминать, что **благочестие** — это обязательное условие пасторского служения? Каким бы талантливым, всесторонне образованным и блистательно ревностным ни был кандидат, если есть основания сомневаться в его благочестии, если он не показывает более явного,

чем обычно, роста в святости, его ни в коем случае нельзя допускать до служения. Служитель без Христа настолько же неуместен, как жуткий скелет на кафедре с факелом в руке[36].

Неслучайно большинство описанных в Первом Послании к Тимофею критериев пасторского служения относятся к категории благочестивого характера. Всякий, желающий нести пасторское служение, должен усердно потрудиться, чтобы возрасти в этих качествах, зная, что именно Божья благодать и преобразующая сила Евангелия способствуют его росту.

5. Духовно зрелый

Многие из перечисленных качеств подразумевают наличие у кандидата духовной зрелости, но два качества особенно подчеркивают ее необходимость. Во-первых, Павел говорит нам, что пастор должен быть «не сребролюбив» (1 Тим. 3:3). Главная обязанность пастора — проповедовать и учить Слову Божьему и жертвенно заботиться о своем народе, а не искать финансовой выгоды для себя. Оценить, свободен ли человек от любви к деньгам, можно не по размеру его банковского счета и не по зарплатной ведомости, а по тому, как он обращается со своими деньгами. Сребролюбие означает, что человек жаждет, чтобы у него было все больше и больше денег. Несомненно, пастор должен получать вознаграждение за свою работу, но никто не должен приходить в служение, движимый желанием личной материальной выгоды.

---

36 Michael A. G. Haykin, Roger D. Duke, and A. James Fuller, *Soldiers of Christ: Selections from the Writings of Basil Manly, Sr., and Basil Manly, Jr.* (Cape Coral, FL: Founders Press, 2009), 174.

Во-вторых, пастор, перед которым стоит задача быть духовным вождем, стоящим на страже истинного учения церкви, не может быть «из новообращенных» (1 Тим. 3:6). Духовно незрелый человек не должен браться за эту работу. Причины вполне логичны и очевидны, но Павел приводит лишь одну из них: «чтобы не возгордился и не подпал осуждению с дьяволом». Незрелый христианин может легко поддаться искушению наслаждаться вскружившей ему голову властью, вместо того чтобы жертвенно служить Богу и Его народу. Коме того, в стремлении к пасторскому служению человек оказывается на линии фронта, под шквалами духовных атак со стороны врага, и это, пожалуй, во многом объясняет новозаветный призыв к множественности благочестивых, духовно зрелых пасторов в поместной церкви. Наличие нескольких пасторов обеспечивает бо́льшую степень подотчетности и обогащает общение, а также приносит пользу церкви благодаря накопленной ими мудрости (Деян. 20:28; Тит. 1:5; 1 Пет. 5:1).

Выявление и обучение новых служителей

Мы никогда не должны допускать мысли, что, если кто-то считает себя умным и говорит, что знает, как и что нужно делать, он действительно сведущ в этих вопросах. Человек может прочитать книгу о прыжках с парашютом, но это совсем не значит, что он готов прыгать с парашютом, не пройдя специальной подготовки. То же самое можно сказать и о том, кто услышал хорошую проповедь и решил, что уже готов проповедовать. Все то, что мы узнали о подготовке к служению, имеет огромное значение в контексте нашей поместной церкви. Мудрость обретается путем проб и ошибок, по мере того как мы на практике исполняем данное нам повеление.

Текст из Деяний 13:1–3, повествующий об отправке Павла и Варнавы в миссионерское путешествие, — это запечатленный для потомков случай, происшедший в конкретной церкви и конкретной культуре. Мы можем рассмотреть его в качестве примера выявления и подготовки лидеров. Но в то же время мы должны помнить, что в Библии нет подробной пошаговой процедуры выявления и подготовки тех, кто почувствовал призвание стать пастором и руководителем церкви. С учетом всего вышесказанного я бы хотел предложить несколько практических советов. Большинство из них — следствие усилий, которые я приложил в нашей поместной церкви. Мы пришли к выводу, что в процессе выявления и подготовки лидеров для служения в поместной церкви будет полезно предпринять четыре последовательных шага.

Испытать

Павел, обращаясь к ефесской церкви, говорит, что Бог даровал церкви особых людей: апостолов, пророков, евангелистов, пастырей и учителей для подготовки и созидания церкви (Еф. 4:11–12). Наилучший способ найти таких людей в контексте вашей поместной церкви — испытать тех, кто чувствует *внутреннее* призвание к этому служению. Испытание подразумевает, что нужно создать условия реальных жизненных обстоятельств и наблюдать за тем, как кандидат с ними справляется. Лучший способ испытать братьев-кандидатов на пасторское служение — оценить их в жизненных обстоятельствах, когда они исполняют пасторские обязанности, и помнить о требованиях к пастору, изложенных в Писании (1 Тим. 3:1–7; Тит. 1:5–9). С течением времени мы сможем определить, действительно ли молодой человек, желающий выполнять эту работу, призван, особенно по мере проверки его даров проповедовать и учить. Это испытание должно происходить наглядно, на виду у всей церкви.

Например, в нашей церкви в течение трех летних месяцев двенадцать братьев по очереди проповедуют на вечернем воскресном собрании по одному из псалмов. Так они могут проверить, есть ли у них дар проповеди. Кроме того, это возможность для всей церкви увидеть, обладают ли они учительским даром, а для братьев это возможность послужить своей церкви. Мы поощряем членов церкви подходить к проповеднику после богослужения и давать конкретные ободряющие или критические комментарии. Единственное условие для таких комментариев: их следует говорить с любовью, и они должны быть созидательными. Кроме того, после воскресного вечернего богослужения обязательно проходит обзор служения, на котором присутствуют пасторы и еще несколько человек, участвующих в испытании даров проповедников. На этой встрече участники доброжелательно и правдиво дают отзывы о проповеди. Брат слышит слова ободрения, учитывает замечания и вносит исправления, чтобы в дальнейшем, когда выпадет следующая возможность, его проповедь стала лучше.

Эти братья также подвергаются испытанию, когда посещают дома членов церкви. Они наносят визит с целью предложить заботу об отдельном члене церкви, а пастор наблюдает за этими посещениями или собирает отзывы других людей, чтобы определить, насколько плодотворно послужил посещаемым кандидат, какие в результате его посещения наблюдались плоды. Во время посещений особое внимание уделяется манере поведения кандидата: насколько он трезв, целомудрен, благочинен, гостеприимен, кроток, миролюбив, непорочен и безукоризнен, то есть насколько он соответствует требованиям, высказанным Павлом в 1 Тимофею 3:1–7 и Титу 1:5–9. Когда брат, желающий совершать труд пастыря, заботится об умирающем святом в больнице, который нуждается в слове утешения, можно сказать, что почва его сердца уже хорошо вспахана. Очень отрадно наблюдать, как молодой человек мужественно переживает этот период испытаний, и видеть, как на практике проявляется его пастырское сердце.

Однажды я попросил одного молодого человека навестить члена церкви, который был весьма милым и добрым человеком, но при этом у него была затруднена речь, а писать и читать он вовсе не умел, соответственно, с ним было очень трудно общаться. Я знал, что это будет хорошим испытательным полигоном для молодого начинающего пастыря. Этот молодой человек не только хорошо позаботился о пожилом святом; он также решил чаще навещать его, чтобы просто проводить с ним время. Зная, что тот брат не умеет читать, молодой человек смог выявить его основополагающую нужду и разрешить проблему — он принес ему кассеты с аудиозаписями Библии и проповедей, произнесенных в нашей церкви. Процесс испытания, безусловно, сопряжен с риском, но есть и радость удовлетворения, когда кандидаты, чьи дары и характер проходят испытания, отвечают на вызовы, и эти дары расцветают. Этот риск себя оправдывает.

По Божьему благому промыслу любое испытание отдельного человека приносит плод на благо поместной церкви в целом. Проповедуя, испытуемый брат питает Божий народ Словом и сам проводит библейское исследование. Уча другого брата, он помогает ему приобретать зрелость и возрастать в вере во Христа. Посещая члена церкви на дому или в больнице, он заботится о душе этого человека и своими усилиями помогает и церкви в целом, и служителям в частности. Служа церкви в разгар испытания, братья начинают на практике познавать, что такое ежедневный труд служения, который невозможно познать, читая книги или посещая занятия. Это начало практической подготовки к служению.

Обучить

Испытание, которое проводится более регулярно и целенаправленно, становится обучением. К этому времени пасторы церкви в той или иной степени способны выявить в человеке дары (в соответствии с 1 Тим. 3:1–7), которые необходимо целенаправленно развивать. На этом этапе кандидат начинает играть более активную роль в руководстве церковью: он может регулярно учить на занятиях, вести богослужение или проповедовать на вечерних собраниях в течение месяца. Пасторы в большей степени доверяют такому брату самостоятельное посещение больниц и более регулярно знакомят его с принимаемыми решениями и изменениями курса церкви. Обучаемый брат может уже участвовать в оценке проповедей и служений на еженедельных собраниях. Все это обеспечивает ему соответствующую подготовку к служению, а сам брат продолжает с помощью этих действий служить церкви в целом и отдельным членам церкви в частности, ободряя их и проявляя к ним заботу.

Недавно на специальном служении нашей церкви, посвященном миссионерской работе, мне довелось обратиться к одной семейной паре, которая проходила такое обучение, со словами:

Я хочу еще раз напомнить вам, брат _____ (имя) и сестра _____ (имя), что вы успели побывать у многих из нас дома, а мы не раз бывали в гостях у вас. Мы вместе разделяли радость общения друг с другом. Во многом вы послужили нашей церкви. Вы, сестра _____ (имя), беззаветно заботились о наших детях так же, как и о своих собственных, тем самым показывая пример отношения Христа. И это при том, что у вас самой было очень мало свободного времени. А вы, брат _____ (имя), верно и преданно проповедовали и учили нас Божьему Слову. Нескольким людям вы помогли в духовном росте, благодаря тому что занимались с ними ученичеством. Кроме того, брат _____ (имя), вы не раз помогали вести наши богослужения и делились своим пасторским опытом с другими пасторами, чтобы помочь им обдумать некоторые сложные вопросы. Но в то самое время, когда вы оба и мы все вместе служили, происходил еще один важный процесс — испытание и подготовка вас к дальнейшему служению, к которому, как вы ощущали, призвал вас Господь. Бог был милостив к нам в том, что позволил нашей церкви испытать радость христианского общения с вами в течение этого времени, а теперь настало время объявить, что церковь признает вас годными к миссионерскому труду.

Конкретные детали обучения зависят от даров кандидата и от служения, к которому он призван. Начинающий пастор может уделять больше времени душепопечению и развитию навыков проповеди, в то время как начинающий миссионер может сосредоточиться на благовестии и воспитании лидеров. Главное, чтобы обучение проходило в рамках поместной церкви, под руководством пасторов и в служении членам церкви. В итоге именно это позволит поместной церкви принять окончательное решение, когда община сможет подтвердить дары и призвание кандидата.

Признать годными к служению

После того, как пасторы и руководители уделили достаточно времени испытанию и обучению брата, желающего встать на тропу пасторского служения, наступает время, когда следует признать или не признать его годным к служению. По прошествии некоторого времени, проведенного в молитве, и после вдумчивого обсуждения, если пасторы считают, что жизнь и дела брата свидетельствуют о его внутреннем и внешнем призвании, мы представляем его на суд всей церковной общины для вынесения формального церковного решения. Поскольку большая часть его испытания и обучения проводится на виду у всей общины, члены церкви должны быть достаточно информированы, чтобы принять собственное решение. Часто мы проводим специальное членское собрание, на котором обсуждаем кандидатуру, и если не выявилось никаких проблем, то через месяц после молитвы за брата церковь проводит голосование, чтобы утвердить его призвание.

Утверждение и признание может прийти несколькими способами. Это может быть рукоположение брата на служение пастора в нашей собственной церкви. Это может быть рукоположение на служение пастором в другой поместной церкви. Это может быть голосование за то, чтобы выслать семейную пару на миссионерское поле. Это может быть поручение от имени церкви на основание новой церкви в другом районе города. Независимо от конкретных деталей, решение о признании брата годным к служению пастора или миссионера должно сопровождаться публичным подтверждением, которое будет служить свидетельством того, что он пользуется полной поддержкой нашей поместной церкви.

Приведу пример публичного заявления, которое я однажды сделал в нашей церкви, касательно одной семейной пары, желавшей стать миссионерами. Это заявление показывает, с какой тщательностью мы оцениваем тех, кто чувствует внутреннее призвание:

Я несколько раз проводил личные встречи с этой парой, чтобы обсудить их отношения в браке, их семью, вопросы образования и ситуации борьбы с грехом. Их просьба неоднократно обсуждалась на пасторских встречах. Несколько раз мы публично обсуждали служение этой семьи на членских собраниях. Они подтверждают свое внутреннее желание служить на миссии и сегодня ожидают получить одобрение церкви.

Мы, как церковь, после всех встреч и обсуждений, даем добро на эту миссию, понимая, что Господь предназначил для них это поприще, несмотря на все тяготы пути, которым им предстоит идти.

Такие заявления призваны напомнить членам церкви, что на этом этапе мы оказались, пройдя весь тщательно спланированный процесс испытания и подготовки. Кроме того, теперь все ясно видят, что настало время поставить точку в процессе утверждения их призвания. Независимо от принятой в церкви политики и традиций, каждая община в конечном счете должна прийти к моменту, когда вся церковь будет участвовать в принятии окончательного решения.

Об этом справедливо говорит Мартин Буцер в своем выдающемся богословском трактате, написанном в начале XVI века: «Согласие всей церкви необходимо, потому что служители должны не только быть безупречны в глазах народа Господня, но и пользоваться его доверием и любовью»[37]. После того, как человек прошел проверку и обучение и был признан годным к служению и руководством церкви, и ее членами, мы готовы сделать то, к чему нас призвал Бог: отправить его на само служение!

Отправить

Процесс отправки служителя или миссионера от имени церкви может быть сложным и продолжительным. Дело, на которое будет выслан соответствующий кандидат, может быть либо служением пастора поместной церкви, либо работой на миссионерском поле, либо просто следующим шагом в получении богословского образования. Всякий раз, отправляя своего члена на какое-либо служение, церковь должна быть рядом с ним в нескольких аспектах:

---

[37] Bucer, *Concerning the True Care of Souls*, 63.

- Регулярно молиться за него.
- С мудростью помочь ему выбрать место, куда направиться, и осуществлять пасторское попечение о нем.
- Регулярно поддерживать с ним связь во время поездок или служения на миссионерском поле.
- В случае необходимости поддерживать его финансово, особенно если человек (или семья) отправляется на миссионерское поле без финансирования со стороны миссионерской организации и должен сам обеспечить поддержку.
- В случае отправки на учебу в богословском учреждении, убедиться в том, что он присоединился к поместной церкви и стал активно участвовать в ее жизни.

Отправка на миссию — это не конец процесса. Это начало нового служения поместной церкви, где мы, как община, благословляем и поддерживаем тех, кто прошел испытание, обучение, признан годным и отправлен на служение в другое место.

Несколько лет назад мы выслали одну драгоценную семейную пару на служение на миссионерском поле. Нашим желанием было поддерживать эту семью и молиться о ней. И мы регулярно всей церковью исполняли это обязательство. Пасторы церкви постоянно поддерживали с ними связь, чтобы дать совет и необходимое попечение, насколько это возможно на расстоянии. Я непосредственно принимал участие в попечении о них на протяжении первого четырехлетнего срока их пребывания на миссионерском поприще. Иногда мне приходилось часами поздно ночью (из-за разницы во времени) разговаривать с ними по телефону, поскольку в то время у них возникла кризисная ситуация, а на месте необходимую помощь найти было практически невозможно. Недавно они вернулись назад, чтобы провести в родной церкви годичный отпуск. Мы тепло приняли их. Те из нас, кто высылал их четыре года назад, стремились позаботиться об их нуждах и восполнить потребности в общении, душевной заботе и подпитке перед их возвращением на место постоянного служения. Год назад мы вновь официально выслали их на миссию и взяли на себя такое же обязательство, как и пять лет назад. Но теперь между ними и церковью образовалась еще более тесная связь.

Значимость отправления на служение наилучшим образом ощущается, когда проводят специальное служение рукоположения или посвящения, на котором церковь официально провозглашает, что того или иного человека или семью отправляют на служение. Человек уже прошел процесс подтверждения своего призвания, и это служение — формальный способ признать, что он обладает необходимыми дарами и призван к служению. На служении могут произнести обеты как высылаемые служители, так и высылающая церковная община[38]. На этом служении обязательно нужно произнести проповедь, в которой прозвучат библейские требования к служителю, напоминание о служении и труде, к которому он призван, а также будет упомянута ответственность высылающей его поместной церкви. Порядок служения может быть различным. В него можно включить наставление, ободрение и призыв как к высылаемому человеку, так и ко всей общине.

---

[38] Полезные примеры обетов можно найти в книге Марка Девера и Пола Александера «Продуманное созидание церкви». Славянское Евангельское Общество, 2009. С. 158–59.

Самая важная часть служения — пасторская молитва с возложением рук. Пасторы и лидеры церкви возлагают на высылаемого служителя руки и молятся о нем и о служении, к которому он призван, следуя примеру антиохийской церкви (Деян. 13:3). Во время возложения рук и молитвы не происходит некая мистическая передача силы или власти, кардинально меняющая человека, над которым совершается молитва. Это просто видимое завершение испытания, обучения и утверждения со стороны пасторов и членов церковной общины. Кроме того, это также показывает, что власть, которую Христос дал Своей Церкви, распространяется и на высылаемого служителя. Бэзил Мэнли-младший, один из основателей Южной баптистской богословской семинарии, так подчеркнул ответственность поместной церкви в определении высылаемых служителей Евангелия и то, как возложение рук символизирует эту власть: «Что касается допуска кандидатов до служения, церковь лучше справится с ролью судьи, нежели сам человек, поэтому церковь должна выносить свое суждение с благоразумием и верностью, с торжественным чувством своей ответственности, и "не возлагать небрежно руки на тех, кто не способен учить и не желает учиться"»[39]. Вот как я предварил возложение рук перед церковью во время служения посвящения:

Через несколько минут мы совершим то, что сделала церковь в Антиохии, как записано в третьем стихе 13-й главы Деяний. Мы возложим на каждого из вас руки, запечатлев тем самым свое общецерковное согласие с тем, что вы по Божьей благодати будете стремиться искать возможности служения Ему.

---

[39] Haykin, Duke, and Fuller, *Soldiers of Christ*, 174. [В этом высказывании цитируется поэма английского поэта и автора гимнов Уильяма Купера. — *Прим. пер.*]

Возложение рук — это не какой-то сверхъестественный обряд, в результате которого высылаемые люди, за которых молятся, каким-то образом оказываются лучше подготовленными к выполнению задачи, чем раньше. Тем не менее оно имеет большое значение. Возлагая руки на высылаемого служителя, пасторы и руководители должны молиться о следующем:

- плодотворность в служении Евангелия;
- верность в провозглашении Божьего Слова;
- защита его самого и членов его семьи от лукавого;
- развитие большего рвения и энтузиазма в труде, к которому он призван;
- присутствие в нем Христа посредством Духа Святого;
- чистота и ненависть к греху;
- способность быть верным в любви к жене, подобно тому, как Христос возлюбил Церковь;
- верность в пастырстве над Божьим стадом;
- постоянное распространение Божьего Царства.

Все это важно, потому что Бог отвечает на эти молитвы. Он наделяет силой тех, кто просит Его о помощи. Как и антиохийская церковь, мы верим, что вместе с нами Сам Дух посылает их (Деян. 13:3–4).

Заключение

Наконец, я бы хотел обратиться с последней просьбой. Я очень надеюсь, что эта задача будет приоритетной в сердце и служении каждого пастора. Для того чтобы выявить будущего пастора, нужен настоящий пастор. В поисках тех, кто мог бы взять на себя тяжелую пасторскую ношу, постарайтесь на мгновение отложить в сторону очевидную незрелость человека и разглядеть в нем особый дар от Бога учить Его Слову и заботиться о Его народе. Даже если в вашей церкви не прописан формальный процесс отбора и обучения лидеров, вы можете начать с того, что возьмете кандидата вместе с собой на посещение в больницу. Пусть он сопровождает вас во время визитов к членам церкви. Когда вы почувствуете, что настало время, предложите ему провести урок в воскресной школе или малой группе, где бы вы могли наблюдать за ним. Начните учить общину тому, как важно для церкви выявлять и готовить кандидатов для служения и руководства церковью.

Весь этот процесс начинается с пастора. Если пасторы не возьмут на себя ответственность за это служение и не сделают его приоритетным, то кто это сделает за них? Если пасторы не позаботятся о выявлении и обучении этих лидеров, кто тогда об этом позаботится? Если пасторы не создадут соответствующую обстановку в церкви, где видно желание взять на себя эту библейскую ответственность, то кто ее создаст? Конечно, пастор и так занят неотложными делами, поэтому исполнение этой задачи зачастую отходит на второй план, но эту обязанность все же необходимо взять на себя, если мы хотим, чтобы в следующем поколении служители были оснащены всем необходимым для руководства, в соответствии с волей Христа и предписаниями Библии.

ЗАКЛЮЧЕНИЕ

Итак, наблюдайте за собой и за всем стадом, в котором Дух Святой поставил вас блюстителями... (Деяния Апостолов 20:28).

У пасторов никогда нет лишнего времени, а требования, выдвигаемые служением, велики. Целью этой книги было кратко описать основные аспекты пасторского служения и их значение, а также предложить несколько практических способов, как начать применять эти аспекты в своем служении. Эта книга не претендует на то, чтобы быть исчерпывающим и полновесным практическим пособием по каждому исследованному в ней аспекту. Но я надеюсь, что она помогла более ясно увидеть свое пасторское служение, подсказала, как сделать его более сбалансированным и основанным на Библии, чтобы вы были истинным пастырем под руководством Пастыреначальника Христа.

Для того, чтобы вашу верность невозможно было подвергнуть сомнению, в вашем служении должен присутствовать ключевой определяющий фактор. Ведь вы можете быть самым одаренным и популярным лидером в церкви, но, если в этом аспекте вы окажетесь несостоятельны, вам не помогут никакие дары. В своем пасторском служении вы всегда должны быть одновременно сосредоточены на двух целях, которые высказал Павел в своем прощальном слове, обращенном к ефесским пресвитерам:

> *И ныне, вот, я знаю, что уже не увидите лица моего все вы, между которыми ходил я, проповедуя Царство Божие. Поэтому свидетельствую вам в нынешний день, что чист я от крови всех, ибо я не упускал возвещать вам всю волю Божию.* **Итак, наблюдайте за собой и за всем стадом, в котором Дух Святой поставил вас блюстителями** *пасти Церковь Господа и Бога, которую Он приобрел Себе кровью Своею. Ибо я знаю, что по отшествии моем войдут к вам лютые волки, не щадящие стада; и из вас самих восстанут люди, которые будут говорить превратно, дабы увлечь учеников за собой. Поэтому бодрствуйте, памятуя, что я три года, день и ночь, непрестанно со слезами учил каждого из вас.*
>
> Деяния 20:25–31

Ранее мы уже обсуждали важность второй части наставления, которое Павел дает в Деяниях 20:28: «...наблюдайте... *за всем стадом*...» (курсив мой). В завершение я бы хотел сделать акцент на первой части этого повеления: «...наблюдайте *за собой*...» (курсив мой). Похожие слова Павел писал и своему молодому ученику и преемнику Тимофею: «Вникай в себя и в учение, занимайся этим постоянно; ибо, так поступая, и себя спасешь, и слушающих тебя» (1 Тим. 4:16). Для того, чтобы спасти и самого себя, и своих слушателей, Тимофею необходимо проявлять стойкость и в *жизни*, и в *учении*.

Слишком многие пасторы, в том числе и те, кто согласен с изложенными в этой книге пасторскими обязанностями, кто действительно считает их приоритетными, тратят большую часть своего времени, сил и энергии и посвящены тому, чтобы «наблюдать за стадом». Это правильно, но зачастую они делают это в ущерб собственной душе. Как бы пасторы ни считали себя неуязвимыми и ни делали вид, что их не победить, они таковыми отнюдь не являются. Неспособность «вникать в себя» и «наблюдать за собой» — это вовсе не пустяк, ее никак нельзя упускать из виду. Провал в этой сфере приведет к выгоранию, унынию и истощению. Грех будет атаковать со всех сторон, и будет трудно ему противостоять. Дальнейшее пренебрежение может привести к таким решениям, которые разрушат и служение, и ваш брак, и саму вашу жизнь. Многих пасторов приходилось отстранять от служения, потому что они не «вникали в себя»: не наблюдали за собственным сердцем, не проповедовали сами себе Евангелие и пренебрегали отношениями с Господом.

Самая важная жизненная сфера, в которую должен вникать пастор, — это его отношения с Богом, его потребность воспитывать в себе глубокое, искреннее, прозрачное и сердечное ежедневное общение с Иисусом. Пасторы — это прежде всего люди, некогда преображенные Евангелием Иисуса. Им так же, как и всем другим, нужна благодать, им нужно прощение. Им нужен мир в душе.

В это необходимо вкладывать время и силы. И это время должно быть потрачено не с целью усовершенствовать служение (хотя, вероятнее всего, пастор в итоге станет лучше и как человек, и как муж, и как отец, и как пастырь своей паствы). Однако насыщенное и искреннее ежедневное общение с Иисусом — это то, в чем нуждается каждый пастор, и это удивительный и драгоценный дар Небесного Отца.

У вас, пастыри Божьего народа, есть особая честь и радость пребывать вместе с Иисусом, получать Его безмерную благодать, бороться с грехом в дарованной Богом силе и с дерзновением обращаться к Отцу в молитве. Будьте честны с Богом о своих грехах и сокрушениях, читайте Его Слово, чтобы напитать собственную душу, а не просто чтобы выучить что-то, чем можно будет потом поделиться с другими. Верьте обетованиям из Божьего Слова. Они верны не только для членов вашей церкви, но и для вас лично! Рассмотрите еще несколько советов, как можно вникать в себя и приносить пользу собственной душе:

- *Не пренебрегайте здоровым питанием, достаточно времени выделяйте на сон и регулярно занимайтесь физическими упражнениями.* Пасторы чаще всего игнорируют эти три аспекта, но пренебрежение ими может оказать глубокое негативное влияние на бодрость духа и энергию пастора.

- *Не пренебрегайте истинными дружескими отношениями.* Пастору нужны друзья как внутри церкви, так и за ее пределами. Это должны быть отношения, в которых он может быть честным, прозрачным и смело делиться своими трудностями и переживаниями.

- *Не пренебрегайте продолжительным отдыхом.* Возьмите полноценный отпуск, причем на несколько недель, а не дней. Я не шучу. Это принесет настоящую пользу и вам, и вашей семье, и даже вашей церкви.

- *Не пренебрегайте временем в уединении и тишине.* Чтобы бороться с тиранией занятости, полезно бывает остановиться, сесть в тихом месте, помолчать и сделать несколько глубоких вдохов, чтобы успокоить свой дух. Такое упражнение ни в коем случае не стоит недооценивать.

- *Не пренебрегайте временем с семьей.* Недостаток внимания пастора к своей семье — это не следствие занятости. Это обличение. Уделять внимание семье — неотъемлемая дисциплина пасторского служения, поэтому в ней следует тщательно упражняться, если мы надеемся продолжать этот труд (1 Тим. 3:4–5).

Пасторы, которые серьезно относятся к увещанию Павла наблюдать за собой, смогут более верно и эффективно наблюдать за всем стадом, в котором Господь их поставил блюстителями.

Задумайтесь над словами Чарльза Бриджеса из его классического труда «Христианское служение»:

> *Самые действенные помехи для нашего дела — те, которые препятствуют нашему личному общению с Господом. Когда великий враг успешно перекрывает поставки необходимой нам духовной помощи, то дело Божие в наших сердцах, и одновременно дело Божие в наших руках погибает из-за недостатка необходимой поддержки. Нам нужно следить за тем, чтобы общественная деятельность не служила оправданием недостаточного общения с Богом. Ведь тогда наша профессия станет западней для нас*

> *самих, а для нашего стада лишится всякого небесного*
> *благоухания* [40].

Братья, так будем же пасторами, проявляющими верность не только в заботе о пастве. Прежде всего, будем последователями Самого Пастыреначальника, будем следовать за Ним с искренним сердцем и энтузиазмом. Будем прежде всего любить Его и искать общения с Ним! Будем искать Его при всех неудачах, грехах и скорбях. И когда Христос явится за Своим искупленным стадом во всей Своей силе, будем исполнены великой радости, ибо получим «неувядающий венец славы» (1 Пет. 5:4). Пусть этот день настанет скорее! А до тех пор будем трудиться в дарованной Богом силе, исполняя все библейские обязанности пастыря Божьего стада.

---

[40] Бриджес, Чарльз. Христианское служение. Донецк: Христианское миссионерское общество «Свет воскресения», 2005. С. 147.

БЛАГОДАРНОСТИ

Автор этой книги Брайан Крофт хотел бы выразить благодарность:

- Издательству Зондерван за партнерство и неустанную работу по изданию практических пособий для пасторов.
- Х.Б. Чарльзу-младшему за дружбу и ценный вклад в эту книгу.
- Всем, особенно коллегам-пасторам, кто прочитал первоначальную рукопись и высказал ценные советы и комментарии. Я благодарен всем, кто помог написать и издать эту книгу, чтобы она могла помочь тем, кто трудится в пасторском служении.
- Всем умудренным опытом старшим братьям, у ног которых я имел честь учиться. Эта книга — своего рода компиляция всего того, что вы вложили в меня и как повлияли на мою жизнь.
- Баптистской церкви в Оберндейле (Луисвилл, Кентукки) за огромную честь служить в ней пастором. Эта книга не увидела бы свет без вашего общения и готовности пройти жизненное поприще вместе со мной.
- Жене и детям за многие жертвы, на которые вам пришлось пойти, чтобы я мог заниматься служением, за благодать, которую вы даруете мне, когда мне не

удается позаботиться о вас надлежащим образом, за великую радость, которую вы дарите мне, когда мы вместе проходим это уникальное жизненное поприще.

- Иисусу, моему Пастыреначальнику и Искупителю. Что бы ни случилось в моем пасторском служении, у меня всегда есть Ты. И этого достаточно.

ДРУГИЕ КНИГИ ЭТОЙ СЕРИИ

Семья пастора
Брайан и Кара Крофт

Брайан и Кара выявляют ключевые вызовы, с которыми сталкивается пастор как муж и отец, а также сложности и радости того, что значит быть женой пастора. Авторы книги затрагивают такие вопросы, как брак, воспитание детей и совместное служение.

Душа пастора
Брайан Крофт, Джим Севастио

Душа пастора — это душа служения. В эпоху сверхзагруженности авторы книги напоминают, что забота о собственной душе — это не эгоизм, а незаменимое условие для заботы о других.

Издательство «Благая весть»

Любовь к чтению Слова Божьего и полезной духовной литературы — добрая традиция нашего братства с первого дня его основания. Мы молимся и трудимся для того, чтобы верующие церквей бывшего Советского Союза имели желание и возможность регулярно читать полезные христианские книги наряду с изучением Библии, чтобы они имели доступ как к богатому духовному наследию мужей веры минувших веков, так и к трудам современных христианских авторов.

 Канал
издательства

Чтобы вы через чтение книг больше познавали Бога, мы:

- подбираем лучшие книги, доступные на русском языке;
- переводим новые книги по еще мало освещенным вопросам;
- помогаем издавать книги местных авторов со здравым богословием.

The Master's Academy International
www.tmai.org
publishing@tmai.org